Néstor Llorca Vega

ARQUITECTURAS HÍBRIDAS DE CULTURAS HÍBRIDAS
Anidación y eclosión del Movimiento Moderno en Quito

Llorca Vega, Néstor
Arquitecturas híbridas de culturas híbridas. Anidación y eclosión del Movimiento Moderno en Quito / Néstor Llorca Vega . - 1ª ed . - Ciudad Autónoma de Buenos Aires : Diseño, 2025.
   242 p. ; 21 x 15 cm. - (Textos de arquitectura y diseño / Camerlo, Marcelo)
   ISBN 978-1-64360-939-3
   1. Arquitectura . 2. Investigación. 3. Historia
   CDD 720.1

Textos de Arquitectura y Diseño

Director de la Colección:
Marcelo Camerlo, Arquitecto

Diseño de Tapa:
Liliana Foguelman

Diseño gráfico:
Cecilia Ricci

Imagen de portada:
"Arquitecturas híbridas de culturas híbridas.
El caso de Quito" por Néstor Llorca, 2015.
Interpretación de la obra "Just what is it that makes today's homes so different, so appealing?" por Richard Hamilton, 1956.

Hecho el depósito que marca la ley 11.723

La reproducción total o parcial de esta publicación, no autorizada por los editores, viola derechos reservados; cualquier utilización debe ser previamente solicitada.

© de los textos, Néstor Llorca Vega
© de las imágenes, sus autores
© 2025 de la edición, Diseño Editorial

ISBN 978-1-64360-939-3
ISBN EBOOK 978-1-64360-941-6

Marzo de 2025

Néstor Llorca Vega

ARQUITECTURAS HÍBRIDAS DE CULTURAS HÍBRIDAS
Anidación y eclosión del Movimiento Moderno en Quito

ÍNDICE

8 **PRESENTACIÓN**
Por Ricardo Lajara Olmo

12 **MÁS ALLÁ DE QUITO: HIBRIDACIÓN Y TRASANDINIDAD**
Por Ingrid Quintana Guerrero

14 **CULTURA Y ARQUITECTURA: LA HIBRIDACIÓN FRENTE A LA MODERNIDAD HEGEMÓNICA**
Por Roberto Goycoolea Prado

18 **CULTURAS HÍBRIDAS, QUITO Y GRENOBLE EN ESPEJO**
Por Julie Martin Daydé

20 **UN PROCESO DE VIAJES E HIBRIDACIONES PROPIAS Y AJENAS**
Por Verónica Rosero Añazco

24 **HIBRIDACIÓN Y MODERNIDAD EN QUITO: UN MODELO EXTRAPOLABLE PARA AMÉRICA LATINA**
Por Shayarina Monard Arcieniegas

28 **LA ARQUITECTURA COMO SÍNTESIS: IDENTIDAD EN EL CONTEXTO MODERNO DE QUITO**
Por Pablo Moreira Viteri

32 **INTRODUCCIÓN**
33 Ser híbrido, una opción genética de la cultura
39 Culturas híbridas y su perspectiva arquitectónica
50 Condición, situación y opción
58 Los códigos de hibridación como herramientas de evaluación

62 **LA CONDICIÓN**
63 Escenario y tejido
67 El territorio
71 La noción de escasez
78 La respuesta instintiva
83 El sistema de conquista y dispersión

86	**LA SITUACIÓN**
94	Anidación y eclosión del Movimiento Moderno en Quito
98	Contexto, trayecto y respuesta a lo inédito
104	Los personajes de la arquitectura quiteña de mediados del s.xx
113	Lo vernáculo, el indigenismo y lo subalterno
124	**LA OPCIÓN**
119	El experimento híbrido
132	La transición de extranjeros a quiteños,
144	la creación de un colectivo local Codificación del Movimiento Moderno en Quito: los métodos híbridos y la ductilidad
165	Códigos de asimilación tipológica
177	Códigos de asimilación del contexto
191	Códigos de asimilación de vanguardia
204	Códigos de asimilación semiótica
224	**REFLEXIONES FINALES**
225	Sobre la estructura de la investigación, el estado del arte y el ámbito disciplinar
229	La hibridación verificada en la investigación
230	El carácter contemporáneo de la investigación y posibles derivaciones. Formas de llevar esta visión a escenarios análogos.
234	**BIBLIOGRAFÍA**

A Verónica, María Paula y Matías
Me han enseñado a exprimir lo mejor de la vida.
Son quienes me motivan a seguir convencido
de que la búsqueda de una mejor sociedad,
el apetito inagotable del conocimiento
y la tolerancia siguen siendo
el principal motor para que la investigación
tenga sentido.

A mis papás Ximena y Javier
Una pareja de culturas híbridas,
de apoyo infinito y de acciones bondadosas.
Tenerles como papás me deja ir por el mundo
lleno de seguridad y orgullo.

PRESENTACIÓN

Ricardo Lajara Olmo

Director de la tesis doctoral origen de la investigación del libro

La segunda lectura de este texto me ha resultado muy agradable y, dado su origen, nada más diferente de lo que cabría esperar – quizá en otra situación estaría hablando de sus orígenes y su desarrollo – aunque probablemente no sea un texto claro, o de una comprensión inmediata.

Sin embargo, entiendo que ha sido por lo que me ha enseñado o, mejor dicho, como me ha enseñado. Me ha enseñado describiendo y haciéndome entender una historia conocida, pero localizada en un lugar, para mí, desconocido. Y me ha enseñado – ofrecido – la posibilidad de entender un espacio desconocido del que poder disfrutar como de esa parte favorita que tenemos en una ciudad conocida, o de un barrio que recorríamos frecuentemente siendo estudiantes.

Puede que la razón esté en que se trata del análisis, o la reflexión, sobre un espacio vivido durante el aprendizaje de cómo vivir un espacio, espacio abandonado al que se regresa con un punto de vista *más maduro*.

También, por ser la descripción de los espacios definidos en un territorio no muy conocido, como era Quito, para personas que parten de una cultura tan distante a ese lugar, incluso si hubieran hablado la misma lengua -que no tiene por qué haber sido el caso- o que los han definido aquellos que perteneciendo a ese lugar se formaron lejos para volver *cambiados*.

Puede que sea similar a la experiencia que experimenta quien se dedica a esa misma actividad, al recibir las descripciones de espacios *que pertenecen a su lenguaje,* aunque localizados en territorio desconocido, y que quizá le ofrecen la posibilidad de entender, mediante la descripción del espacio, el lugar en el que se localizan sin conocerlo.

Sería, como la experiencia de leer un texto que trata de la construcción del texto – de la escritura – y que se describe el mismo texto que se está leyendo, o escribiendo; o que habla de tu maestro, o es tu memoria de aquel profesor de literatura que admirabas.

Por otra parte, releyendo este texto he podido leer la madurez que Néstor Llorca – un joven mucho más maduro que yo como persona – ha alcanzado como lector de la ciudad, como intérprete de la arquitectura y quizá también como arquitecto, junto a mí, su viejo acompañante durante el proceso de redacción.

Hoy conozco la ciudad de Quito sólo por esta razón y estoy seguro de que no conozco el Quito real, material o físico, sino que lo que conozco es su razón y el vínculo que tiene la ciudad de Quito con mi vieja Europa debido a las prácticas de aquellos arquitectos que tuvieron, como ha tenido Néstor, la ocasión de hacer una reflexión arquitectónica desde dos posiciones, dos continentes y dos culturas, y sobre un mismo lugar.

Ese tipo de vínculo que permite pasear los espacios como su habitante.

MÁS ALLÁ DE QUITO:
HIBRIDACIÓN Y TRASANDINIDAD

Ingrid Quintana Guerrero

Facultad de Arquitectura y Diseño Universidad de los Andes - Colombia

La contribución de Néstor Llorca a través de este libro sobrepasa la historiografía ecuatoriana de la arquitectura moderna: a través de sus líneas, el autor propone lentes e instrumentos susceptibles (por no decir necesarios) de ser apropiados en el estudio de arquitecturas híbridas a lo largo del continente suramericano, en particular aquellas geografías andinas que comparten con Quito su situación ecuatorial (con todo lo que ello conlleva en lo que respecta a la luz y al clima), su topografía escarpada y, en consecuencia, rasgos culturales urdidos por procesos de nomadismo, colonialismos y migraciones. América Latina, y en particular la América Andina, no puede ser tener un rasgo más distintivo que su condición híbrida, esa que acuñó conceptualmente García Canclini a comienzos de los años 90 del siglo anterior y que hoy cobra más vigencia que nunca, tras el desesperado intento de la raza humana por subsistir en un territorio en permanente convulsión, tanto física como social.

La hibridación en arquitectura, que Llorca describe como opción cultural, es entonces reflejo de una amalgama de factores que tanto locales como foráneos, tanto suramericanos como europeos, aportaron para concebir obras que resultan más complejas que la mera sumatoria de rasgos plásticos y espaciales provenientes de ambos lados del Atlántico. En el caso particular de Quito, tierra rodeada de volcanes, obras de carácter doméstico e institucional resultan, además de habitáculos para la vida humana, testimonio de negociaciones entre la tradición y la vanguardia; entre lo contingente y lo perenne. Edificaciones y proyectos, tal como presentados por el autor, pueden ser entendidos como dispositivos para meditar sobre la permanente condición de temporalidad, de la volatilidad de nuestra historia: una paradoja sin la cual resulta imposible descifrar la clave en la que la creación latinoamericana tiene cabida.

A través de un riguroso examen documental y de la presentación de material gráfico analítico, Llorca revela al lector una Quito vibrante; un escenario de intercambios que desborda su escala reducida; un palimpsesto que, durante milenios acogió prácticas ancestrales, materializadas en arquitecturas vernáculas que aún hoy día informan la práctica de la arquitectura en el Ecuador. Sin duda, "Arquitecturas Híbridas de Culturas Híbridas" proporciona un fundamento para el entendimiento crítico de las dinámicas globales tras la producción arquitectura en nuestros días, en los que la agenda de la descolonización en ocasiones pretende desconocer que somos "tanto esto como aquello".

CULTURA Y ARQUITECTURA: LA HIBRIDACIÓN FRENTE A LA MODERNIDAD HEGEMÓNICA

Roberto Goycoolea Prado

Escuela de Arquitectura, Universidad de Alcalá, España, Madrid, diciembre de 2024

Tuve el privilegio de conocer a Néstor Llorca en el curso 2009-2010, cuando fue estudiante de la asignatura Metodología de Investigación que impartía en el Máster Universitario en Proyectos Avanzados de Arquitectura y Ciudad, MUPAAC. El trabajo presentado, *Arquitectura y estética de la pobreza en el cine ecuatoriano*, daba cuenta de su interés por la historia y la teoría de la arquitectura, así como de su capacidad para establecer diálogos interdisciplinarios. Ese trabajo, que podría considerarse un germen de su posterior tesis doctoral, manifestando una preocupación crítica y una mirada aguda para desentrañar las complejas relaciones entre las formas arquitectónicas, los discursos culturales y las dinámicas sociales. Como estudiante, Llorca destacó por su rigor, su curiosidad intelectual y su compromiso con los temas que abordaba, cualidades que hoy, claramente, han dado frutos en esta obra.

En el fascinante cruce de caminos entre la historia, la arquitectura y la cultura, se despliega el marco conceptual y temporal de *Arquitecturas híbridas de culturas híbridas: el caso de Quito en el siglo XX (1940–1970)*, de Néstor Llorca. Este libro, basado en su tesis doctoral homónima, dirigida por Ricardo Lajara Olmo y Luis Ramón Laca Menéndez de Luarca y defendida en 2022 dentro del Programa de Doctorado en Arquitectura de la Universidad de Alcalá, es fruto de una rigurosa investigación académica. Nos invita a explorar un capítulo crucial en la evolución urbana de Quito, una ciudad cuya identidad ha estado siempre marcada por la confluencia de tradiciones culturales, tensiones sociales y aspiraciones modernizadoras.

Llorca parte de un contexto histórico específico: las décadas centrales del siglo XX, un periodo en el que Quito vivió una transformación sin precedentes, impulsada por los procesos de modernización, urbanización y globalización. En este marco, la arquitectura emerge no solo como un testigo material, sino como un actor central en el diálogo entre lo local y lo global, lo tradicional y lo moderno. Generalizando, Quito se convirtió en un laboratorio urbano donde estas tensiones se manifiestan a través de edificios que combinan estilos, materiales y técnicas diversas, desafiando las categorías tradicionales de análisis arquitectónico.

En este contexto, la noción de hibridación propuesta por Llorca resulta clave para entender el enfoque de su investigación. Inspirado por las teorías de la interculturalidad y la globalización, argumenta que las arquitecturas híbridas de Quito no son una reproducción de los modelos europeo o norteamericano en boga, sino expresiones genuinas de una identidad cultural en constante transformación. Estas construcciones, que combinan influencias de la arquitectura moderna internacional con elementos locales y tradicionales, reflejan tanto la riqueza como las contradicciones de una sociedad que buscaba insertarse en la modernidad sin perder sus raíces.

El periodo que abarca este estudio, de 1940 a 1970, corresponde a un momento clave en la historia de Ecuador, marcado por un fuerte dinamismo económico y un clima de optimismo político. En este contexto de transformación, Quito se convirtió en un escenario donde las ideologías y los intereses de diversos actores —arquitectos, planificadores urbanos, gobiernos, instituciones y ciudadanos— confluyeron y dejaron su huella en el tejido arquitectónico de la ciudad. A través de un análisis riguroso que integra investigación histórica, crítica arquitectónica y estudios de caso específicos, Llorca desentraña las lógicas de producción y recepción de estas arquitecturas híbridas, ofreciendo una visión integral que coloca a Quito en el mapa de los debates internacionales sobre la modernidad arquitectónica.

Por las preguntas que plantea y las metodologías que emplea, la contribución de este libro trasciende el ámbito local, enlazando con discusiones más amplias sobre cómo las ciudades del Sur Global enfrentaron el desafío de construir modernidades propias, adaptadas a sus realidades culturales y sociales. En este sentido, *Arquitecturas híbridas de culturas híbridas* no solo ilumina un aspecto poco estudiado de la historia urbana de Quito, sino que también invita a repensar los paradigmas tradicionales de la historiografía de la arquitectura.

El trabajo de Néstor Llorca es una muestra de cómo la arquitectura puede servir como un prisma para entender las dinámicas culturales más amplias de una sociedad. Su lectura nos desafía a mirar más allá de las formas y materiales, hacia los significados, contradicciones y aspiraciones que estas construcciones encierran. Por ello, este libro no solo es una contribución a la historia de la arquitectura de Quito, sino una invitación a reflexionar sobre cómo habitamos y construimos nuestras ciudades en un mundo cada vez más interconectado y diverso.

CULTURAS HÍBRIDAS, QUITO Y GRENOBLE EN ESPEJO

Julie Martin Daydé

Maitre de conférence en projet (TPCAU) co direction master Aedification Grands Territoires Villes Lab AE&CC, ENSAG, UGA.

Este encuentro empezo con el marco de un intercambio pedagógico entre nuestras respectivas escuelas de arquitectura, una en Grenoble y la otra en Quito. Este encuentro no habría sido posible sin una mente abierta, una curiosidad impulsada por la noción de alteridad y el dinamismo para poner en marcha proyectos de Néstor Llorca. Los diversos apoyos pedagógicos prestados para proyectos cortos y fines de carrera han alimentado también nuestras actividades de investigación, respectivamente sobre «culturas híbridas» para Nestor Llorca y «situaciones de fragilidad» para mí.

Nuestro interés en común radica en desarrollar nuevos materiales del proyecto basados en una comprensión detallada de las situaciones: comprender sus realidades tanto en el presente sobre el terreno local como en términos de plazos históricos y marcos más amplios. La presentación de la investigación de Néstor en laENSAG de la UGA puso de relieve la necesidad de intercambiar sobre nuestros respectivos contextos para actualizar los parámetros de proyecto que estén a la altura de los retos sociales, medioambientales, económicos y climáticos de hoy en día. Esta atención a la historia, a los recuerdos dolorosos, a la geografía social y física, a las ciencias del suelo y del agua, nos llevo a considerar las hipotesis de proyectos en sus dimensiónes dinámicas. Cada situación plantea un problema específico, por lo cual desarrollamos una actitud que nos permite pensar una metodología y herramientas más específicos para cada situación.. Nuestros futuros intercambios pedagógicos y de investigación nos permitirán capitalizar nuestras experiencias para crear una cultura de proyectos híbridos sensible y actualizada al siglo XXI.

UN PROCESO DE VIAJES E HIBRIDACIONES PROPIAS Y AJENAS

Verónica Rosero Añazco

Facultad de Arquitectura y Urbanismo Universidad Central del Ecuador

Como estudiantes de la carrera de Arquitectura en Quito, Néstor Llorca y yo coincidimos pocas veces en el aula, aunque compartimos varios profesores. Fue en los cursos de Historia de la Arquitectura donde, en contadas ocasiones, recibimos contenidos sobre la arquitectura local. Si ya el hecho de abordar estos temas resultaba casi excepcional, obtener una visión crítica de los mismos era más lejano aún. "Arquitecturas híbridas de culturas híbridas" surge precisamente de ese reclamo pedagógico, de la necesidad de conocer más sobre el contexto en el que vivimos y del que, paradójicamente, sabemos muy poco.

Otro de los profesores que compartimos fue Ricardo Lajara, director de la tesis doctoral de Néstor. En una de sus clases, hacía una analogía entre la arquitectura y la música: decía que para disfrutar de un concierto, es necesario conocer la letra de las canciones. Siguiendo esta misma línea, Lajara fue un excelente director de orquesta de lo que Néstor nos entrega en este libro. La primera vez que realmente pude disfrutar del "concierto" que ofrece la arquitectura quiteña fue cuando regresamos a nuestro país después de siete años en el extranjero. "Arquitecturas híbridas de culturas híbridas" estaba en proceso; había leído algunos borradores y, con esa "nueva" información en mi mente, acompañé a Néstor a visitar y fotografiar algunos de los edificios que formaban parte de su investigación. Si en mis primeros años de universidad esos proyectos eran tan solo parte de un catálogo lejano y anecdótico, en ese momento sucedió lo que Lajara predijo: conocía la letra de la canción y disfrutaba del concierto. A manera de banda sonora, hay una letra que se ajusta perfectamente a lo que este libro nos transmite:

> "Somos una especie en viaje
> No tenemos pertenencias sino equipaje
> Vamos con el polen en el viento
> Estamos vivos porque estamos en movimiento
> Nunca estamos quietos, somos trashumantes
> Somos padres, hijos, nietos y bisnietos de inmigrantes
> Es más mío lo que sueño que lo que toco
> Yo no soy de aquí pero tú tampoco
> Yo no soy de aquí pero tú tampoco
> De ningún lado del todo y
> De todos lados un poco"
> (Movimiento, Jorge Drexler, 2017)

En 2010, cuando Néstor propuso su proyecto doctoral, tenía una claridad envidiable sobre lo que quería lograr. Casi nada se había dicho sobre el Movimiento Moderno (MM) en Quito, al menos no de la manera en que él lo aborda en este libro. Las vicisitudes de la vida hicieron que su investigación tomara más de una década. Durante ese tiempo, surgieron otras investigaciones similares, con el temor constante de que su enfoque fuera emulado o, como sucedió en una ocasión, "copiado". Sin embargo, esa década de pausas, sacrificios y momentos de duda, incluyendo episodios del "síndrome del impostor", aportaron una madurez que sin duda enriquecieron el resultado final. En el otoño de 2021, Néstor se sentó a escribir las conclusiones de su trabajo con una profundidad que no habría sido posible en los tiempos originalmente previstos. En ese proceso, también se desempeñó como docente universitario, cumpliendo con aquello que él mismo reclamó en sus inicios: transmitir a sus estudiantes el conocimiento sobre la arquitectura quiteña, proporcionar herramientas para el pensamiento crítico y evitar los dogmas que frecuentemente imponen discursos simplistas sobre la "identidad".

Cada vez que escucho planteamientos reduccionistas sobre la identidad latinoamericana o quiteña, pienso en el aprendizaje que "Arquitecturas híbridas de culturas híbridas" nos ofrece. La investigación de Néstor Llorca nos invita a salir de esos lugares comunes y nos recuerda, de manera sutil pero contundente, que somos productos de una CONDICIÓN histórica, de una SITUACIÓN geográfica y social, pero que poseemos la OPCIÓN de elegir lo que finalmente nos define o CODIFICA.

Como arquitectos, docentes y ciudadanos, este libro nos permite comprender un fragmento de nuestra cultura con mayor complejidad y sentido crítico, y tomar decisiones conscientes sobre cómo transmitimos ese legado, tanto tangible como intangible. Néstor mismo encarna esa hibridación: hijo de padre español y madre ecuatoriana, mestizo, igual que nuestra arquitectura, sin crisis de identidad, sino orgulloso de su condición de sujeto cosmopolita y a la vez arraigado a lo que valora y ama.

En 2025, "Arquitecturas híbridas de culturas híbridas" podría ser un libro más sobre el Movimiento Moderno y uno de los pocos sobre su expresión en Quito. Pero no lo es. Este libro se distingue como un aporte único, que seguramente ocupará un lugar destacado en las bibliotecas de quienes buscan un conocimiento más profundo y reflexivo sobre la arquitectura quiteña. Aquellos que aprendemos de él llevamos un equipaje sólido y enriquecedor en nuestras mentes.

HIBRIDACIÓN Y MODERNIDAD EN QUITO: UN MODELO EXTRAPOLABLE PARA AMÉRICA LATINA

Shayarina Monard Arcieniegas

Facultad de arquitectura diseño y artes
Pontificia Universidad Católica del Ecuador

En este libro, Néstor Llorca nos invita a retomar el concepto de culturas híbridas, propuesto por Néstor García Canclini, como una herramienta para repensar la arquitectura moderna en América Latina. El autor centra su análisis en Quito, una ciudad conocida por su centro histórico colonial, pero que aquí se revela como un escenario clave para explorar las dinámicas de la modernidad arquitectónica y su hibridación cultural.

Llorca nos ofrece un método estructurado en los ejes de condición, situación y opción, que permite abordar la especificidad del caso de Quito al tiempo que facilita la extrapolación de su análisis a otros contextos. Este enfoque propone interpretar la modernidad como un fenómeno cultural, profundamente arraigado en procesos de transformación e intercambio que configuran nuevas entidades híbridas.

Desde esta perspectiva metodológica, el autor articula una reflexión crítica sobre la identidad de América Latina, despojándola de prejuicios y destacando las hibridaciones culturales como ejes fundamentales para comprender las formas de pensar y actuar en el mundo. En este marco, surge la pregunta inquietante sobre por qué un número significativo de intelectuales latinoamericanos aceptó, sin mayores cuestionamientos, la explicación extranjera centrada en la emulación sobre los procesos culturales locales.

El libro sitúa el período entre 1940 y 1970 como un momento singular en el que los movimientos de lucha social, con la Revolución Cubana como epicentro, marcaron el devenir del siglo XX en la región. Estas tensiones iluminaron las múltiples modernidades que coexistían en América Latina: las promovidas por los gobernantes, las concebidas por los profesionales de la arquitectura y las vividas por los ciudadanos comunes.

Llorca presenta la modernidad local como un principio reconfigurador y creador, donde las influencias externas se amalgaman con los saberes locales. En su análisis, devela cómo códigos indígenas, mediterráneos, racionalistas, pop y folclóricos, lejos de cristalizar identidades autónomas, construyen un contexto diverso, abundante y permeable. Este carácter heterogéneo de la hibridación se convierte en el motor creativo que redefine las prácticas arquitectónicas.

Uno de los puntos más destacados del análisis radica en el reconocimiento del papel fundamental de los trabajadores de la construcción

—albañiles, carpinteros, peones, guachimanes— en la transición hacia nuevas formas de hacer arquitectura en Quito. Estos actores, a menudo invisibilizados, culminaron procesos de hibridación y llenaron vacíos en procedimientos, consolidando una práctica constructiva que trasciende lo técnico para inscribirse en lo cultural.

Finalmente, el texto dialoga con las reflexiones contemporáneas sobre la crisis de los paradigmas sociales y productivos que sustentaron la modernidad. Desde esta perspectiva, la ciudad se revela tanto como un espacio físico transformado por la modernidad, como una entelequia social en constante disputa.

Llorca nos deja con interrogantes fundamentales: ¿cómo dialogan las hibridaciones culturales con las nuevas formas de habitar y construir el territorio? ¿Qué podemos aprender de las modernidades locales para abordar los desafíos contemporáneos en nuestras ciudades? ¿Es posible, desde esta reflexión, imaginar una arquitectura que no solo registre las tensiones entre lo global y lo local, sino que también las convierta en fuente de creación y resistencia cultural? Estas preguntas, abiertas y profundas, convierten este libro en una invitación a repensar, no solo la arquitectura, sino el sentido mismo de nuestra identidad cultural y social en América Latina.

LA ARQUITECTURA COMO SÍNTESIS: IDENTIDAD EN EL CONTEXTO MODERNO DE QUITO

Pablo Moreira Viteri

MCMA Taller de arquitectura
Secretario General Federación Panamericana
de Asociaciones de Arquitecto (2020-2024) FPAA

La investigación realizada por Néstor Llorca, Arquitecturas Híbridas de Culturas Híbridas, emerge como una obra imprescindible en el análisis de la arquitectura ecuatoriana contemporánea. En un contexto donde se tiende a idealizar la producción arquitectónica actual como un mágico florecimiento de identidad nacional, este libro nos invita a reflexionar sobre los verdaderos cimientos de esa identidad. Llorca pone en valor el aporte de una generación de arquitectos que, a mediados del siglo XX, lograron establecer principios identitarios arraigados en los recursos naturales, ambientales y paisajísticos de Quito, así como en saberes y técnicas constructivas locales.

Estos arquitectos supieron integrar la arquitectura internacional de corte racionalista, enseñada en las escuelas emergentes, con la riqueza de la cultura andina, muchas veces subestimada. Entre ellos destacan los migrantes extranjeros, quienes, fascinados por el paisaje andino y la dinámica cultural de Quito, adaptaron su conocimiento académico europeo a las realidades locales. A su vez, jóvenes arquitectos ecuatorianos, formados en el extranjero, regresaron para contribuir a un proceso de "búsquedas y contradicciones" (Rubén Moreira, en el guión del Museo de Arquitectura Ecuatoriana MAE) e impulsar la evolución de la arquitectura en las siguientes generaciones que actuaron en los años 60 del siglo XX que, más allá de la forma y función, la dotaron de una actitud regionalista sensible a lo social, lo técnico, lo constructivo y lo material.

El libro aborda cómo esta fusión de saberes consolidó una arquitectura que dialoga con el entorno y las culturas híbridas, mediante elementos fundamentales como la luz, el patio, el muro y el clima. Estas herramientas no solo enriquecieron el diseño arquitectónico, sino que también respondieron a desafíos bioclimáticos y sociales, promoviendo el bienestar y la identidad cultural. Llorca argumenta que este regionalismo bioclimático logró materializar las contradicciones inherentes a las culturas híbridas, estableciendo un equilibrio entre lo global y lo local.

La obra también destaca la moderación y prudencia de esta generación de arquitectos modernistas al abordar los desafíos de su época, lejos de los discursos actuales sobre sostenibilidad o reciclaje, pero con una conciencia innata sobre el contexto y los recursos disponibles. Su legado, como sostiene Llorca, no radica solo en las obras materiales, sino en las lecciones sobre adaptación y respeto por las particularidades de su entorno.

Finalmente, Arquitecturas Híbridas de Culturas Híbridas representa un aporte crítico y riguroso al entendimiento del Movimiento Moderno en Quito, explorando sus búsquedas y adaptaciones en un contexto específico. Con esta publicación, Néstor Llorca ofrece una herramienta clave para valorar la cultura quiteña como un proceso de constante adaptación e interacción, reflejo de una identidad que se construye desde las contradicciones y la diversidad. A través de esta obra, comprendemos que, aunque la arquitectura ecuatoriana haya sembrado "con semillas ajenas", el cultivo ha dado frutos de profunda identidad y trascendencia.

INTRODUCCIÓN

SER HÍBRIDO, UNA OPCIÓN GENÉTICA DE LA CULTURA

La relación entre identidad regional y contacto con lo extranjero ha configurado las producciones culturales y la cosmovisión de las sociedades. La historia del movimiento humano incluye un ciclo intenso en el que los traslados motivados por migraciones naturales, o escenarios forzados por el entorno, conquistas, múltiples búsquedas o por el instinto básico del poder, han obligado a que culturas diferentes se enfrenten y combinen. Este encuentro siempre incluye (sin necesidad de corresponderse, ni asegurar un beneficio) descubrimientos, sincronía y pactos.

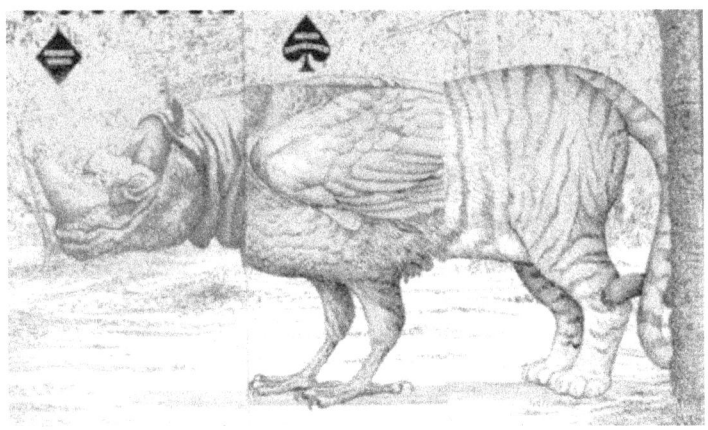

"RinoNeGre", animal ficticio "Cornúpeta huidizo- de poderoso vuelo- de los bosques malayos", fruto de la hibirdación arbitraria que permite el Animalario Universal del Profesor Revillod, Javier Sáez y Miguel Murugarren, 2003.

Una de las opciones para aceptar este choque es la de heredar, mezclar y germinar un nuevo organismo configurado a través de una negociación. En la medida en que intervengan descubrimientos (utilidad e innovación), sincronía (entendimiento por lenguaje, tiempo o conveniencia) y pactos (el nivel de uso de seducción o violencia para imponer la fusión), produce resultados con mayor o menor éxito.

Frente a estas influencias, existe la alternativa por ser híbrido, como una opción genética a los cambios culturales. Una mezcla tan dinámica e invasiva que interviene en la sociedad que la adopta de manera integral, modificando el lenguaje, la producción y la lectura del producto naciente, pero adoptándolo como propio con gran conformidad. A fin de cuentas, es de una forma ambigua tan local como extranjera, vernácula como inédita y ajena como nativa.

Mauritus Escher, Encuentro 1944.

La capacidad de hibridar, constituye una ventaja evolutiva y forma parte de un proceso cíclico a manera de una competición en la que, quien llegue con más fuerza puede engullir a los rezagados para prevalecer. En la conformación de referentes culturales y estilos en el espectro latinoamericano de los siglos XVIII y XIX, esta carrera tenía habitualmente un sentido eurocentrista, fenómeno que provocó un comportamiento de adaptación tácita a lo europeo, sin mayor disputa, al menos hasta el auge de la globalización del siglo XX.

Dentro de las herramientas de hibridación cultural, la arquitectura tiene un papel importante como un aparato dinámico en el que se plantea una hipótesis natural pero frecuentemente inadvertida: La arquitectura se crea y modifica por el tiempo, el espacio y las influencias culturales en las que se desarrolla. Una analogía arquitectónica de la famosa frase "Yo soy yo y mi circunstancia, y si no la salvo a ella no me salvo yo".[1]

---

[1] José Ortega y Gasset, "Meditaciones del Quijote" (1ra edición en 1914, publicaciones de la Residencia de Estudiantes, Madrid) pensamiento esencial y definitorio de su propuesta

La arquitectura es producto de circunstancias y es una circunstancia en sí misma. Puede ser objeto o entorno y, en el dinamismo de esta doble condición, como un mecanismo para salvarse, ha permitido cambiar su rol, imagen, forma y protagonismo.

Cerámica Inca de la actual provincia del Azuay.
Los incas en el Ecuador.

Esta propuesta aparentemente evidente, motivó el estudio de caso: la arquitectura de Quito y su viaje a través de este escenario dúctil y extenso de las digestiones culturales. Dicha particularización es motivada por la nacionalidad, como suele ser habitual en estudios territorialmente específicos. Soy quiteño, en todo el tiempo que he vivido allí me ha costado descifrar y reconocer las particularidades de la arquitectura de mi ciudad.

Partiendo de una incertidumbre más que del conocimiento (los años de investigación han permitido pasar de lo primero a lo segundo) e incitado también por la necesidad de llenar un vacío formativo de la carrera estu-

---

filosófica, en la etapa perspectivista (1914-1923), propone que toda percepción es subjetiva, generada por el punto de vista concreto del observador, en una dirección propia. Este acercamiento produce una forma propia de reconocer la realidad y por tanto su propia verdad.

diada en Quito, por el cual me he sentido hasta hace poco desorientado y ajeno a la historia, procesos y personajes de la arquitectura ecuatoriana.

En Quito, el contexto con el que se ha encontrado paulatinamente la llegada de lo extranjero ha sido siempre muy potente: geográficamente insólito, socialmente permeable y tecnológicamente sencillo. Una población que entrenó la adaptación como una herramienta para mediar la convivencia con un territorio rígido es maleable a las visitas, sean estas a la fuerza o escogidas, estableciendo la reconfiguración cultural como una táctica de adoptar la conquista y dispersarla. Esta condición permanente de la ciudad para adoptar lo nuevo, ha germinado en todos los campos y desde el s. XV ha observado permanente a Europa, de diversas maneras y gradualmente a distintas culturas (profundizando cada vez más hacia oriente), a las que ha solicitado información, tecnología e innovación. Desde el s. XV hasta el XX se han desarrollado en el territorio quiteño una gran variedad de herramientas de hibridación como aparatos de configuración cultural, tanto para la asimilación de herencias como para la creación de nuevas corrientes.

Una herencia psicológica que nos quedó en Quito después de los procesos coloniales, es la sorpresa de la llegada de los "dioses blancos", procesos que eran recurrentes en las dinámicas de la ciudad[2], conscientemente los quiteños aceptamos lo extranjero con mayor facilidad que lo local, y el panorama arquitectónico habitualmente ha reflejado esta actitud.

---

[2] La historiadora especializada en arquitectura quiteña es la arquitecta Inés del Pino. De sus textos tomo la descripción de los llegados a Quito con anterioridad de la época estudiada: "Franceses, italianos, alemanes dejaron su huella en la arquitectura quiteña del siglo XIX. Si analizamos las diferentes "oleadas" de arquitectos e ingenieros inmigrantes notaremos que entre 1830 y 1876, llegan varios con García Moreno, entre ellos P. Menten, J. Kolberg, Dressel (alemanes) y Thomas Reed y Jacobo Elbert (ingleses); aparece también el nombre de N. Vandeville (según J.G. Pérez), cónsul de Bélgica, o Juan Bautista de Mendeville (según Luciano Andrade Marín y Carlos Maldonado) que fue cónsul de Francia en Quito. Parece que se trata de la misma persona.
En un segundo período (1876-1895) también tenemos nombres de profesionales ecuatorianos como Gualberto Pérez, E. Anda Vásconez, A. Velasco. Lino M. Flor y Juan Pablo Sanz, que comenzaron su actividad profesional a la par con los extranjeros residentes... Entre 1896 y 1911 llegaron varios italianos; Lorenzo Durini y su hijo Francisco, Giacomo Radiocini, más tarde Antonino Russo y su hermano Paolo Russo. De 1912 en adelante se incorporaron a la lista R.A. Sánchez, Luis F. Donoso, Raúl M. Pereira, este último portugués, que unidos a sus viejos colegas aportaron a lo que en la época se denominó embellecimiento de la ciudad" (Del Pino, 2002) p125

Tortugas Galápagos a manera de gárgolas en la Basílica del Voto Nacional en Quito.

"Antonino Russo 1889-1967, arquitecto-constructor. Nació en Catania, hizo sus estudios en Milán, Antes de llegar a Quito en 1911, estuvo en Bolivia. Se dedicó a la construcción de alrededor de 30 viviendas y varios edificios públicos como el edificio del Estanco, Edificio de la Cabuya, terminó el pasaje Vaca"

"Lorenzo Durini Vasalli, 1855-1909, Escultor, Nació en Tremona, Estudio en la academia de bellas artes de Génova. Instaló una empresa constructora en Costa Rica. Diseñó y construyó el Teatro Nacional de San José. Fue invitado al Ecuador por el presidente Leonidas Plaza para que levante en Quito el monumento a los héroes del 10 de Agosto."

"Francisco Durini (1880-1970) Nació en Tremona, estudio Instituto Técnico de Milán, acompañó a su padre, llegó a Quito en 1904, se dedicó a la construcción de residencias, edificios públicos, bancos, arquitectura funeraria."

"Padre Pedro Brüning 1886-1938, alemán, lazarista, llega a Ecuador en 1899, realizó obras a lo largo de todo el país, sobre todo obras de tipo religioso."

"Pedro Aulestia, quiteño, estudió en la Universidad Central, luego arquitectura en la academia de Milán y de ingeniería en la escuela de trabajos públicos de París. Obras escolares "

"Luis Felipe Donoso, Quiteño, colegio San Gabriel, estudió arquitectura en Lieja /BEL. Construyó varias residencias y edificios públicos, el más conocido el Banco de crédito agrícola y comercial, actual archivo histórico del banco central." (Del Pino, 2002)

El siglo XX es particularmente fértil en la producción de ejemplos de hibridación desde un amplio espectro de disciplinas, entre las que destaca la arquitectura de Quito que tuvo sus primeros arquitectos graduados en la ciudad en medio de un ambiente colaborativo y experimental de la producción de obras.

CULTURAS HÍBRIDAS Y SU PERSPECTIVA ARQUITECTÓNICA

León Ferrari, *La civilización occidental y cristiana*, 1965. Modelo utilizado por Néstor García Canclini para ejemplificar la interculturalidad.

Del estudio del período entre 1920 a 1970 afloran nombres habituales para los cercanos a Quito; personas, proyectos, planes y lugares. Como es habitual en investigaciones con apoyo histórico, las referencias son extensas y dispersas, por tanto, algún lector podrá pensar que "no son todos los que están, ni están todos los que son"[3]. La investigación busca encontrar los mecanismos de hibridación presentes en la producción de arquitectura de la ciudad desde dos enfoques: el primero las formas de incursión de lo extranjero desde las categorías de "condición, situación y opción"; y segundo el desarrollo de una metodología de revisión de las maneras de

---

[3] Famoso retruécano, atribuido a Luigi Pirandello, alude al manicomio y los locos en su obra "Enrique IV" 1921

hacer arquitectura en Quito desde esta hibridación, a lo que llamo "códigos de hibridación". Ambas aproximaciones se desarrollan a lo largo del proyecto. Por esto, la investigación no busca elaborar una reseña y un catálogo, sino demostrar una condición específica. En la que esta experiencia cultural en Quito se refleja en una particular forma de apropiarse del Movimiento Moderno.

Esta es, por tanto, una analogía de la teoría de García Canclini[4] sobre la forma en la que los fenómenos de interculturalidad, recepción de lo extranjero y reconfiguración conceptual ocurren en Latinoamérica, desde la difusión mediática de la globalización y su protagonismo mundial a partir de la década de 1940, y luego llevada a la perspectiva en la que esta manifestación afecta a la arquitectura. Específicamente, a la forma en que el Movimiento Moderno se codificó en la ciudad de Quito, produciendo una particular manera de absorber y reconfigurar la corriente, provocando la creación de un lenguaje acoplado al contexto local y temporal.

Existen referentes sustanciales para este estudio, tanto en el plano político, como cultural, económico y arquitectónico: Benjamín Carrión, Jacinto Jijón, Oswaldo Guayasamín; personalidades con una impronta casi perpetua en la historia ecuatoriana y quiteña: Atahualpa, Sebastián de Benalcázar, Alexander Von Humboldt, Charles Marie La Condamine, José Gabriel Navarro; los arquitectos del período: en la década de 1940: Alfonso Calderón, Otto Glass, Guillermo Jones Odriozola, Karl Kohn, Leopoldo Moreno, Gilberto Gatto Sobral, en la de 1950: Oscar Etwanick, Sixto Durán, Lionel Ledesma, Giovanni Rotta, Ethel Arias, Max Ehrensberger, Jaime Dávalos, Mario Arias, Milton Barragán; en la década de 1960 Alfredo León, Agustín Patiño, Oswaldo de la Torre, Juan Espinosa, Oswaldo Muñoz, Ovidio Wappestein, Diego Banderas, Luis Oleas o Gustavo Guayasamín. Todos ellos "pioneros"[5] desde su perspectiva, actores

---

[4] Néstor García Canclini, "Culturas Híbridas, estrategias para entrar y salir de la modernidad" Grijalbo, México 1990. en una charla del 28 de junio de 2011 en UAM de Iztapala, Canclini explica la hibridación como los " procesos socio culturales en el que estructuras o prácticas discretas que existían en forma separada se combinan para generar nuevas estructuras, objetos y prácticas"

[5] El término "pioneros" es una denominación hecha por la arquitecta argentina Evelia Peralta para nombrar a la primera generación de arquitectos ecuatorianos titulados, grupo que normalmente incluye a los personajes dentro de mi estudio.

de este proceso de recepción, codificación y generación de la construcción cultural de la ciudad de Quito.

Sin embargo, con el desarrollo de la investigación, he descubierto que (como fruto de las condiciones implícitas del modo quiteño de adaptar lo extranjero), los personajes anónimos o no planificados dentro de este proceso son tan significativos como los que lograron apuntar su nombre en esta historia. Su papel fue fundamental para traducir del concepto a lo material en los proyectos arquitectónicos, y de una manera no premeditada fueron los traductores coloquiales de los términos abstractos, documentación técnica y las nuevas propuestas de modo de vida moderno.

Propongo por tanto que, los artesanos, albañiles o carpinteros fueron los artífices de buena parte de la concepción (no sólo producción) de la arquitectura quiteña. Son componentes permanentes en la producción de la ciudad del siglo XX, que generó sus primeros arquitectos nacionales formados en Quito, tiempo después de que esta forma de adaptación se originó.

En general, la reacción ante una tierna camada de recién graduados de una naciente escuela de Arquitectura de la Universidad Central, los profesionales inmigrantes que daban sus primeras pisadas sobre el complejo terreno y los trabajadores de la construcción (albañiles, carpinteros, peones, guachimanes) hicieron que, estos últimos fueran los soportes de esta transición estructural de la forma de hacer arquitectura en Quito.

Fueron partícipes de esta transformación personajes emergentes y variopintos. Así, planteo que los nuevos graduados, los ecuatorianos graduados en el exterior, los arquitectos extranjeros, los albañiles y los artistas reformularon la codificación quiteña de la arquitectura del Movimiento Moderno, dándole particularidades y adaptaciones inusuales pero aceptadas por la sociedad.

El caso ecuatoriano, como el de varios países lejanos al primer círculo de difusión de los movimientos estéticos, se vio influenciado de una manera fuerte por reconocidos personajes a pesar de que nunca pisaron el país. En muchos de los casos ni siquiera fueron conscientes de que sus propuestas se difundirían fuera del primer mundo.

Desde los protagonistas del Movimiento Moderno, como Van der Rohe, Le Corbusier, Alvar Aalto, Adolf Loos, Alison y Peter Smithson, Oscar Niemeyer, representantes del Pop Art, CIAM, Team 10 o el Independient Group. Este fenómeno ha provocado que historiadores, arquitectos o escritores hayan dedicado sus esfuerzos a entender desde su perspectiva la condición latinoamericana de adopción de los movimientos culturales, como Néstor García Canclini, Enrique Dussel, Marina Waisman, Ramón Gutiérrez, el grupo del primer Seminario de Arquitectura Latinoamericana (SAL)[6], o el siempre lúcido Alfonso Reyes[7].

Para la recopilación de datos, he utilizado una variedad de fuentes, aunque seguro de no tener todas las publicaciones que estudian la ciudad puedo decir que he investigado y ahora poseo una amplia colección de documentos que analizan y catalogan la arquitectura, el territorio y los procesos culturales de Quito. Desde autores de estudios históricos como José Gabriel Navarro con "La Escultura en el Ecuador"[8], otros como Neptalí Zúñiga, Ernesto La Orden, Jorge Salvador Lara, Manuel Espinosa Apolo, Enrique Ayala Mora; cronistas o viajeros: La Condamine, Jorge Juan, Rolf Blomberg, Arturo Eichler, Bruno Moritz; estudiosos de arquitectura quiteña: Lucas Achig, Alfonso Ortiz, Jorge Hardoy, Inés del Pino, Eduardo Kingman Garcés, Evelia Peralta, Jorge Benavides, Rubén

---

[6] La primera edición del Seminario de Arquitectura Latinoamericana data del año 1985 en Buenos Aires a cargo de la Centro de Arte y Comunicación, la Sociedad Central de Arquitectos y la revista Summa . El evento aborda la reflexión el debate histórico teórico de la arquitectura y el urbanismo desde una perspectiva regional.

[7] A pesar de que nace de varios ensayos y no de textos académicos, Reyes (Mexicano 1889-1959) logra describir Latinoamérica con mucha claridad, de manera sencilla y franca. En "Notas sobre la inteligencia americana" (Revista SUR, Buenos Aires, septiembre de 1936), sobre la experiencia de las fusiones dice por ejemplo "Tal es el secreto de nuestra historia, de nuestra política, de nuestra vida, presididas por una consigna de improvisación. El coro: las poblaciones americanas se reclutan, principalmente, entre los antiguos elementos autóctonos, las masas ibéricas de conquistadores, misioneros y colonos, y las ulteriores aportaciones de inmigrantes europeos en general. Hay choques de sangres, problemas de mestizaje, esfuerzos de adaptación y absorción." Sacando a la luz el patente ciclo de la interculturalidad.

[8] "La Escultura en el Ecuador" (Siglos XVI al XVIII), es un libro intonso de José Gabriel Navarro, que publicó el libro a través de la Real Academia de Artes de San Fernando en 1929, mientras era cónsul del Ecuador en Madrid, Navarro dedicó muchos de sus estudios a la descripción de los procesos artísticos en Ecuador y elogiando su técnica y capacidad de adaptación del método europeo.

Moreira, Ernesto Capello, Shayarina Monard, etc.; las colecciones, guías y catálogos de arquitectura de la Junta de Andalucía, Trama, PUCE/FADA[9], CIUDAD, Universidad San Francisco, la colección "Miradas"[10], los recientes estudios de la Universidad Internacional SEK, Universidad Central y varias tesis de grado de la facultad de arquitectura de la Universidad Central[11], de relativo anonimato y poca difusión; hasta autores más heterodoxos como Alex Ron, Peky Andino, Gustavo Salazar[12], Miguel Alvear o Juan Rhon.

Otra importante fuente de información obtenida, de carácter inédito, es el archivo personal del arquitecto Juan Espinosa Páez, quien recopiló una extensa colección de documentos de su obra. Gracias a su generosidad, expongo en esta investigación una variedad de archivos entre bocetos, imágenes, artículos y gráficos referentes al concurso y ejecución del Palacio Municipal de Quito, el mismo que sirve como ejemplo para explicar la transición entre la generación de arquitectos extranjeros del primer período estudiado y la actividad prolífica de los primeros graduados nacionales.

Para la validación de la propuesta, he recopilado a través de los proyectos, una base de datos consolidada entre todas las publicaciones y

---

[9] "Quito 30 años de arquitectura moderna", 1950/1980, Es un libro recopilatorio del año 2004, que contiene varios artículos y las fichas de 81 proyectos de arquitectura quiteña.
[10] Vale la pena recalcar esta colección hecha en tres tomos entre 2009 y 2010, que recopila un catálogo de arquitectura Moderna en el Ecuador, desde la Maestría de proyectos arquitectónicos, coordinado por María Augusta Hermida y Jaime Guerra, contiene una clara y organizada información gráfica.
[11] Algunas tesis: Verónica Patiño: "Estudio histórico crítico de la arquitectura racionalista en Quito en las décadas 30 y 40", Washington Benalcázar: "Estudio sobre la obra de Gatto Sobral", Juan Bermeo: "Estudio histórico de la residencia universitaria", Cristian Paredes: "Análisis de las obras de Carlos Kohn" o Wilmer Fabara y Andrés Nuñez: "Inicios y consolidación de las tendencias de la arquitectura moderna en Quito"
[12] Cuadernos a pie de página, es una colección de libros autoeditados por Gustavo Salazar en las que gracias a un extraordinario estudio y una notable colección epistolar, se repasa la actividad de varios personajes de la cultura ecuatoriana de los siglos XIX y XX, Pablo Palacio, César Arroyo, Gonzalo Zaldumbide, Benjamín Carrión, César Dávila, entregando un panorama mucho más íntimo de estas figuras, con el afán de "anular la noción de orfandad que arrastramos quienes vivimos ocupados en promocionar la cultura ecuatoriana, ... difundir su obra sin afanes partidistas ni ideológicos; se les estudie en base a su calidad estética..." Salazar, 2013.

archivos enunciados anteriormente, en total más de 500 proyectos. A través de datos históricos, documentos técnicos, fichas e información varia divulgada por medios diversos, he generado una cantidad de cifras contrastables, a manera de una toma de datos estadística para establecer analogías y demostrar los fenómenos presentados, relaciones entre nacionalidades, tiempo, tipologías, cantidad de proyectos, fuentes de promoción, puntos de inflexión, etc.

La comparación entre los procesos de asimilación cultural, vistos desde la teoría de las culturas híbridas, otorga una perspectiva coherente para entender estos procesos de adaptación recurrentes en Latinoamérica, y en el Ecuador. Este punto de partida, unido a la implementación de otros conceptos relativos como los "Imaginarios sociales" de Cornelius Castoriadis (La institución imaginaria de la sociedad, 1975), El "pensamiento mestizo" de Serge Gruzinski (Pensamiento mestizo, 2000), los "Conceptos Viajeros" de Mieke Bal (Conceptos viajeros en las humanidades, 2002) y en general los análisis de las hibridaciones artísticas, estéticas o académicas, me han permitido conformar una aproximación sociológica a la lectura arquitectónica de los proyectos estudiados.

García Canclini parte de una primera definición de hibridación "...procesos socioculturales en los que estructuras o prácticas discretas, que existían en forma separada, se combinan para generar nuevas estructuras, objetos y prácticas" (García Canclini, 2009). La arquitectura, vista como una práctica discreta permite la combinación de elementos explicada por García Canclini, pero, desde el enfoque de esta investigación pasa de la combinación en la que los elementos previos se unen, organizan y se acoplan a la asimilación en donde los objetos se juntan de manera dúctil, reconfigurando su función, vocación inicial o formas de conectarse con otros elementos. La hibridación de como resultado un producto nuevo a manera de una digestión cultural.

La asimilación de la teoría de las culturas híbridas desde la visión de la arquitectura, tiene un carácter flexible, las unidades de medida de la arquitectura son dúctiles y vacilantes, han evadido las valoraciones rígidas de las ciencias duras, a pesar de ser palpables, materiales y técnicas, de poder entrar en el campo de lo estadístico, constructivo y tipológico. La estimación de su calidad, singularidad y relevancia es voluble, y depende del organismo evaluador; regresando a la visión de Ortega y Gasset "La perspectiva visual y la intelectual se complican con la perspectiva de la valoración" ((Ortega y Gasset, El Espectador I (1916) 2020)en Obras Completas II), y a pesar de que un observador crítico puede encontrar ciertas medidas útiles, en muchos de los casos la relevancia de una obra arquitectónica depende de situaciones subjetivas.

Al hablar de hibridación, estas valoraciones se dinamizan mucho más, se mezclan con discursos de identidades y cultura. En la dualidad de estas valoraciones también cabe discutir las afectaciones que recibe la arquitectura cuando se entiende como híbrida. Esta valoración difusa refuerza la idea de que la hibridación es un atributo más que una calificación.

Este proceso de mezclas incluye alianzas, la principal en este estudio es la del Movimiento Moderno con los arquitectos residentes en Quito a mediados del siglo XX, no es la única producida en el tiempo y el espacio en la que sucedió, sin embargo, es una asociación fecunda y premonitoria de un modo de hacer arquitectura en Quito. Sus marcas han formado parte de un proceso de diseño que permitió entrar y salir, ceder, subordinarse o inclusive domesticarlo en un entorno vasto.

La ventaja de esta permeabilidad es que deja huellas y esto posibilita el registro de las influencias. En palabras de García Canclini:

> "contribuyen por otro lado, a identificar y explicar múltiples alianzas fecundas: por ejemplo, el imaginario precolombino con el novohispano de los colonizadores y luego con el de las industrias culturales (Bernard, Gruzinski), la estética popular con la de los turistas (De Grandis), las culturas étnicas nacionales con las de las metrópolis (Harvey)." (García Canclini, 2009) p V

En los casos estudiados se pueden leer códigos indígenas, mediterráneos, racionalistas, pop, folclóricos entre otros. Una mezcla compleja que en vez de poner en manifiesto identidades autónomas, permite situarse en un contexto de diversidad, abundancia y permeabilidad de ideas, que entrega a la hibridación un carácter heterogéneo.

Esta metodología de lectura de la arquitectura quiteña del Movimiento Moderno, a través de asociaciones conceptuales, entre culturas híbridas, sincronías e imaginarios permite una comparación de los procesos culturales colectivos con la arquitectura, y entendiendo esta afinidad, utiliza mecanismos paralelos de análisis de este fenómeno desde investigaciones de otros autores que se acercaron a otros fenómenos artísticos y sociales.

De las anteriores descripciones de condición, situación y opción como métodos de análisis, busco reconocer los elementos atemporales que generan un comportamiento particular en la forma de hacer arquitectura en la ciudad, que están presentes en la enseñanza local actual y por tanto son herederas de este período de codificación. Al referirme a una conducta, esta puede ser analizada desde los métodos científicos, a través de la validación de datos, atributos específicos de las obras estudiadas, estadística o el análisis de las metodologías de diseño del proceso analizado. En Quito existe una inclinación natural hacia los métodos de creación empírica y heurística, lo que ha convertido a la ciudad en un laboratorio dinámico y mutante.

Un rendimiento fruto de este análisis, es la disposición de herramientas para poder usar esta investigación, desde la fragmentación de las condiciones, la base de datos consolidada de proyectos o el desglose de la metodología de estudio, para motivar la apertura a nuevas investigaciones, ya sea de casos paralelos en otros sitios en el mismo período, para conseguir una lectura de forma regional de la asimilación del Movimiento Moderno en otros puntos de Latinoamérica, o la manifestación de lo aprendido en esa época en Quito como un comportamiento actual.

Sin embargo, el beneficio proyectado que me interesa de este documento es el de encontrar la relación entre la investigación y las posibilidades de incluirlas en estrategias de proyecto que les den validez contemporánea a los edificios estudiados. El momento actual se llena de discursos sobre sostenibilidad, reciclaje, austeridad o reducción de recursos y, del proceso quiteño, se puede encontrar y afinar un sistema continuado de prudencia y moderación, habitual en la ciudad (la mayoría de veces), y recuperarlo como un instrumento poderoso y útil para el quehacer arquitectónico contemporáneo.

La misma revisión sobre el concepto de hibridación y su operación en las ciencias sociales tiene una configuración en el tiempo. El término hibridación nació en las ciencias biológicas pero su apropiación a las ciencias sociales inició en los años 1970. Para García Canclini (en la conferencia sobre Hibridaciones Subversivas: Culturas y sistemas de signos en las dinámicas contemporáneas, México DF, 2016), los precursores de estudios sobre la hibridación en las humanidades: Homi K. Bhabha (El lugar de la Cultura, 1994), Penelope Harvey (Hybrids of Modernity: Anthropology, the Nation State and the Universal Exhibition, 1996) (Harvey 1996) y el libro de García Canclini (Culturas híbridas. Estrategias para entrar y salir de la modernidad, 1990).

En su libro "Ideología, cultura y poder" (Oficina de Publicaciones del CBC, Buenos Aires, 1995), que recoge conferencias previas a "Culturas Híbridas", de los años 1984 y 1985 postula que el consumo de conceptos y su incorporación en la identidad de una población oscila entre las necesidades de "bienes económicos" y "bienes culturales", el deseo del consumo de estos bienes y la sociedad latinoamericana.

A partir de entonces el uso de la hibridación ha servido para definir los procesos de combinación de conceptos a través de la migración de los mismos a otras geografías y su consecuente anidación en el nuevo sitio.

Sin embargo, el cambio no es solo geográfico, sino también temporal, el mismo García Canclini ha revisado el concepto y el cambio sobre sus connotaciones a lo largo del tiempo. De la definición de 1990

> "...entiendo por hibridación procesos socioculturales en los que estructuras o prácticas discretas, que existían en forma separada, se combinan para generar nuevas estructuras, objetos y prácticas."

en las que habla de estrategias y prácticas de los países latinoamericanos para absorber la modernidad. Pasa en 2001 a preocuparse tanto por el uso de la palabra "hibridación" que había alcanzado una notoria difusión como por el estudio de la asimilación del concepto de "culturas híbridas en tiempos de globalización". En la introducción del libro en su edición de 2001 (y en las siguientes ediciones) el autor se cuestiona cosas como: "Hay que comenzar discutiendo si híbrido es una buena o una mala palabra" o en la diferencia entre el empleo metafórico de conceptos para recrear procesos simbólicos, en los que un término migra entre disciplinas, versus las operaciones epistemológicas que amplían las nociones de ideas que permiten entender mejor algo que hasta ese momento no estaba explicado.

En 2016, García Canclini propone que "el concepto de hibridación no designa un punto de llegada" sino que permite articularse con otros conceptos, entendidos desde momentos históricos específicos que sirven como "organizadores conceptuales". Reconoce el conflicto que existió en la traslación del concepto desde su origen en la biología, en la que la hibridación (el caso de la mula) se relacionaba con la esterilidad, tuvo que demostrar que en las ciencias naturales la hibridación de semillas, plantas o células habían permitido mejorar el desempeño de las mismas. Así también, la importación de un concepto de una ciencia a otra no obligaba a importar también las condiciones disciplinares de la misma, sino que por el contrario se reconfiguraban para contextualizarse en la nueva rama, en este caso las humanidades. Así también la necesidad de usar la palabra hibridación para referirse a esta combinación o fusión, que la distingue de las de especificidad religiosa: sincretismo, o en el mestizaje que tiene una carga biológica y cultural como un proceso generacional de mediano y largo plazo. La hibridación tiene una ductilidad de la que el mestizaje carece.

En el año 2022, la hibridación está ligada a la noción de un cambio tecnológico (autos híbridos), de formas de alojamiento como AirBnB o de modelos de contratación laboral, los idiomas híbridos como el spanglish. Inclusive, una alternativa que los institutos educativos encontraron en la transición entre el confinamiento y la regularización de clases presenciales en el Ecuador en el que algunos alumnos se encontraban en el aula de clase y otros se conectaban por una plataforma de videoconferencia de manera sincrónica se denominan "aulas híbridas".

El uso del concepto de "culturas híbridas" en este libro se basa por tanto en esta naturaleza adaptativa que se soporta en la definición de García Canclini pero que permite la migración a la disciplina de la arquitectura, pero buscando contextualizarse desde el ámbito espacial.

"La interdisciplinariedad en las humanidades debe buscar su base heurística y metodológica en los conceptos más que en los métodos. Los conceptos son las herramientas de la intersubjetividad: facilitan la discusión a partir de un lenguaje común. Pero los conceptos no son fijos. Viajan: entre disciplinas, entre académicos individuales, entre períodos históricos y entre comunidades académicas geográficamente dispersas. Entre disciplinas, su significado, alcance y valor operativo difieren. Estos procesos de diferenciación deben evaluarse antes, durante y después de cada "viaje". Todas estas formas de viajar hacen que los conceptos sean flexibles. Es esta variabilidad la que se convierte en parte de su utilidad para una nueva metodología que no es ni embrutecedora ni rígida ni arbitraria o "descuidada". Mieke Bal, 2002

CONDICIÓN, SITUACIÓN Y OPCIÓN

En la arquitectura, la hibridación (vista desde la perspectiva conceptual, no tipológica) permitió la mejora de los proyectos, los procesos, la tecnología y la aceptación social. En Quito este fenómeno fue atípico y maduró con la llegada del Movimiento Moderno. Sin embargo, este fenómeno no se ha difundido sino hasta hace muy poco tiempo.

El Panecillo, Cayetano Osculati, 1848. en el libro "Ecuador visto por los extranjeros" 1960.

Durante años los esfuerzos reflejados en los estudios de historia de la arquitectura (Inés del Pino, Alfonso Ortiz Crespo), de reflexión sobre la imagen de la ciudad de Quito a través de su arquitectura (Fernando Carrión, Eduardo Kingman Garcés), la influencia de la designación de Patrimonio por la Unesco y sus implicaciones (Dora Arízaga) eran evidencia de que las investigaciones y los intereses de los investigadores se dirigían a otros momentos del tiempo y satisfacían otros nichos de investigación.

Así también, la continua publicación de proyectos de arquitectura ecuatoriana en la revista Trama, cofundada por Evelia Peralta y Rolando Moya en 1977, con 169 números a la fecha, acogió el interés por el Movimiento Moderno quiteño en varias ocasiones, y fue Evelia Peralta quien otorgó la denominación de "Pioneros" a los primeros arquitectos con una labor continuada en Quito. A esta revista le acompañaron de algunas publicaciones como el libro monográfico sobre Karl Kohn (2009) de Shayarina Monard, la colección "Miradas a la arquitectura Moderna en el Ecuador" (tres tomos 2009-10) De M. Augusta Hermida, Quito, 30 años de arquitectura moderna 1950*1980 (2004) Inés del Pino (ed.) construyeron un cuerpo de estudio que permitió momentos específicos de debate y visibilización de actores y obras de la época. Sin embargo, la revisión del Movimiento y la discusión sobre su influencia en la ciudad no trascendió de un pequeño círculo.

Es a partir de la década de los 2010 en el que los documentos previos se recogen y se convierten en un compendio para estudios de caso que se convierten en tesis doctorales como: Arquitectura moderna de Quito, 1954-1960 de Shayarina Monard (UPC, 2020) o Arquitectura brutalista en Quito 1960.1980: disección gráfica de una historia en concreto de Pablo Dávalos (UPC, 2020), algunas tesis de maestría, investigaciones y artículos tanto de docentes como alumnos que se generaron en varias Facultades de Arquitectura de Quito de manera sincrónica, páginas web, libros, publicaciones indexadas que han creado un estado del arte riguroso que permite evidenciar la vigencia del estudio del Movimiento Moderno en la actualidad. Que además se apoya en la creación del capítulo ecuatoriano de DOCOMOMO, de la incorporación de fichas de protección de edificios del Movimiento Moderno en la legislación de Patrimonio local y el aumento de interés en estos edificios como alternativas de ocupación actual. Mi investigación sobre la arquitectura de Quito comenzó en el año 2010 cuando consideraba que no existían suficientes estudios profundos sobre el tema, y después de una década, en la que he participado de esta efervescencia sobre el interés de la arquitectura quiteña del siglo pasado con artículos, libros, congresos, TFC de grado y maestría como tutor, presento esta investigación fruto de mi tesis doctoral, que espero, sirva para profundizar y contrastar la información construida de manera colectiva sobre el caso quiteño.

Dentro de la especificación del caso, acoté el lapso de tiempo en 4 décadas: desde 1940 hasta 1979. Éstas han sido definidas tanto por la búsqueda deliberada de un momento potente y especial de producción de arquitectura en Quito, como por el ciclo formativo en el que este punto se gestó. Así mismo, he acotado (por la propia condición sistemática de la investigación científica), el nicho de estudio, para entonces poder diagnosticarlo y darle un nombre.

Publicidad de Pan American y Panagra. Ilustración por P. Jalier, 1970.

Este período de tiempo reunió una gran cantidad de elementos que provocaron un giro de tuerca en la formación de la ciudad. Eran tiempos de acogida de llamativas influencias, de nuevos personajes nacionales y extranjeros, grandes reconfiguraciones urbanas, formación de la primera facultad de arquitectura, la profesionalización local de la carrera y la generación de redes o camarillas culturales que reunían a estos nuevos gestores de Quito. Una época dinámica, desarrollista y altamente expansiva.

En el s. XX, este fenómeno de búsqueda y creación afectó a la arquitectura de manera radical, provocando la profesionalización de la carrera en Quito, que a pesar de tener Universidad desde el año de 1586[13], tuvo varias maneras no reguladas desde la Universidad de estudios de arquitectura en la ciudad, y pasó a tener su primera Facultad de Arquitectura en 1959[14]. Mientras ésta se gestaba, se recibían nuevos personajes fruto de migraciones de diversa índole. Históricamente, los colombianos han sido la mayor población extranjera en el Ecuador, pero, en la búsqueda de transmisión tecnológica y conocimiento, se recibió a personas de otros países de América y Europa, los últimos, portadores del Movimiento Moderno y también de las huellas de persecución de la Segunda Guerra Mundial.

Plaza de San Francisco, 1903.

---

[13] Universidad de San Fulgencio, fundada en 1586 por los Agustinos en Quito (1586-1786) en el Convento de San Agustín.
[14] Facultad de Arquitectura de la Universidad Central, inicia sus actividades como Escuela de Arquitectura en 1946 y como facultad en 1959.

El mundo de las influencias es inconmensurable, porque las identidades culturales son inconmensurables. Si sumamos el solapamiento de los atributos de la hibridación, en la que los procesos de interculturalidad son maleables desde el lugar, el tiempo o los personajes que intervienen, el resultado es enorme, y, sin embargo, específico. La experiencia cultural de Quito y su apropiación del Movimiento se puede asociar con la latinoamericana y más con la andina por afinidad geográfica, con la de países receptores (los llamados en vías de desarrollo) por el rol de discípulos, o con los ambientes de la posguerra por la llegada de huidos, pero sobre todo por la congruencia en el ahorro.

Sin embargo, el caso quiteño no es exclusivamente andino, receptor o austero.

Es especial porque se enfrentó a varios procesos de adaptación y reconfiguración, que traían consigo formas y medios muy distintos de los que se conocían dentro de la producción arquitectónica vigente. No obstante, cuando los nuevos elementos eran complicados de reproducir en cuanto a escala, sistemas constructivos, utilización de recursos, o por la ambigua aceptación social, una especie de *doblepiensa*[15] por parte de los árbitros del momento, permitía que todas las actuaciones cambien de su intención original. La sociedad quiteña toleraba que las nuevas propuestas se construyan por los arquitectos con la condición de ser aprobadas con el paso del tiempo, una particularidad aún vigente. Estos factores obligaban a arquitectos y promotores a sumergirse en la experimentación y creación de un lenguaje para la asimilación de estas nuevas prácticas, dando como resultado producciones con una fuerte carga local, empíricas, y muchas veces difusas, reconfigurando el movimiento estilístico del que partió.

En un afán por sistematizar y especificar el fenómeno de codificación de la "arquitectura híbrida" del Movimiento Moderno en Quito y la relación con la interculturalidad, desglosé los factores participantes en tres grupos:

---

[15] "Doblepiensa" es un neologismo inventado por George Orwell en su novela 1984 (publicada en 1949), para explicar el acto inconsciente en las que se aceptan simultáneamente dos ideas contradictorias como correctas, sin asociarse con la hipocresía, la neutralidad o la disonancia cognitiva, lo que hace que las personas sean totalmente inconscientes de cualquier conflicto o contradicción.

1) **Por condición (genéticos/permanentes)**: Noción de escasez, respuesta inmediata o instintiva, los sistemas de asociación y dispersión, la estructura social (estratificación), el territorio y la naturaleza.

2) **Por situación (contextuales)**: Históricos, tecnológicos por asimilación o generación, la asociación andina y el rol global de la ciudad, y

3) **Por opción (ideológicos)**: Estilísticos, el uso de recursos, la injerencia política, difusión mediática, profesionalización de la arquitectura y la producción cultural.

Los factores condicionantes, son los más estables en el recetario del proyecto arquitectónico. Sin embargo, como no forman parte del discurso de una tendencia, no suelen ser nombrados sino asumidos como algo indispensable, como cuando se lee una receta de cocina se tiene un listado de ingredientes, pero rara vez se explica la necesidad de una fuente de calor, una mesa de trabajo o utensilios, aunque, sin éstos la cocción es imposible. Los de situación involucran los alcances permitidos por el contexto, las fuentes tecnológicas, los requisitos climáticos, históricos o sociales. La opción se basa en la elección, dada por factores internos o externos, los "ingredientes" que, a través del enfoque particular del proyectista, dan forma al objeto.

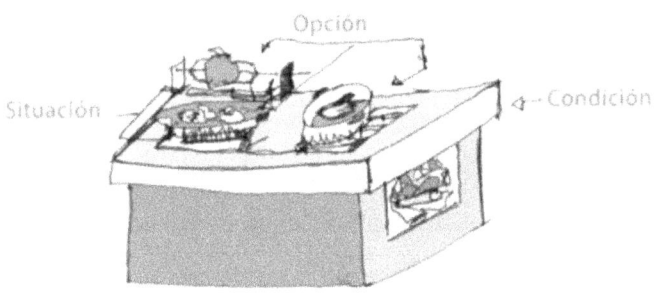

Analogía de situación, condición y opción. Néstor Llorca, 2017

A partir de esta estratificación pude estudiar los ejemplos arquitectónicos, porque, aunque la investigación tenga un tinte sociológico, es de arquitectura y tratará sobre arquitectura. Una suerte de ingeniería inversa de un proceso creativo y sus elementos.

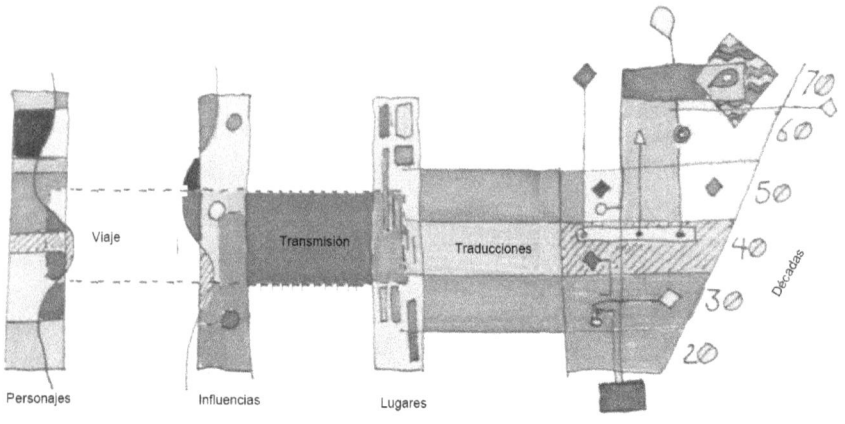

Esquema general de la investigación. Néstor Llorca, 2013

Esta partición define el guión de la investigación. Los elementos son ingredientes que deambulan en la generación del marco metodológico, el estado del arte, los estudios específicos y los descubrimientos o afirmaciones finales. En la consideración del carácter inconmensurable del fenómeno de hibridación cultural, encuentro que están presentes en todas las partes del estudio y, sobre todo, están entremezclados. Si los diseccionara eliminaría su identidad y característica básica, la hibridación, por esto regresan a lo largo del estudio, coexistiendo con la categorización histórica o tipológica como método de análisis.

Para explicar esta perspectiva, es importante nombrar los factores por condición, los que están presentes en el proceso creativo quiteño y conforman el vocabulario básico de actuaciones en la ciudad, estos son:

- la noción de escasez,
- la respuesta rápida e instintiva,
- los sistemas de asociación y dispersión,
- la estructura social (estratificación) y
- la fuerza del territorio y la naturaleza.

Esta es una especie de información genética básica en la búsqueda de un signo arquitectónico quiteño, no visto como algo positivo o negativo, sino como una serie de reglas de juego en un tablero cambiante, que a lo largo del tiempo y con indiferencia del momento es constante y potente.

Con este enfoque[16] evalúo los procesos y formas de adaptación, la llegada del Movimiento Moderno a la ciudad, el argumento a través de la reconfiguración en la visión cultural con las que convivían pobladores y arquitectura. La conexión entre la parte (los proyectos, arquitectos y edificios) y el todo (la ciudad, la sociedad y la repercusión en el país), que provocó la particularización de los experimentos artísticos, científicos e inclusive cotidianos.

---

[16] Esta perspectiva enlaza los métodos de revisión de arquitectura con la teoría de García Canclini, es una versión propia pero refrendada en la eficiencia que la visión desde las Culturas Híbridas ha permitido revisar los procesos interculturales en América Latina.

LOS CÓDIGOS DE HIBRIDACIÓN COMO HERRAMIENTAS DE EVALUACIÓN

Los códigos arquitectónicos tienen la capacidad de expresar un lenguaje, o bien a través de elementos individuales o en su conjunto, para pronosticar cuáles serían las capacidades espaciales o de uso o sociales que puede tener el espacio. El código, entendido como esta herramienta específica del lenguaje, es análoga a la arquitectura porque trabaja al menos en tres escalas: una de uso, otra morfológica y otra de barrio.

La forma en la que documentamos y organizamos los edificios del Movimiento Moderno no permiten reconocer con facilidad u objetividad los códigos espaciales que le dan valor a la arquitectura o que pueden dar lineamientos para la intervención en clave contemporánea. Por esta razón fue necesario crear una secuencia de revisión de estos códigos.

Primero realicé un cruce de características comunes de los edificios a través de un trabajo estadístico que generó una línea base del estado inicial de los mismos. No desde un levantamiento cuantitativo sino "entrevistando" al edificio, recogiendo la información que define los atributos y calidades espaciales para definir las posibles acciones de intervención o gestión. La recopilación de datos de los edificios trascendió del levantamiento regular de información a través de planos, fotos o archivos. Después de tener esta información decidí experimentar el espacio del edificio desde distintas maneras de habitar y en tiempos prolongados. Así, visité en múltiples ocasiones el Teatro Politécnico y escuché las versiones de sus hijos y su nieto de la obra de Oswaldo de la Torre; ocupé (como un okupa) la residencia estudiantil en varias ocasiones mientras fui profesor de Historia de la Universidad Central del Ecuador; visité la casa Kohn de manera anónima y luego a través de la guía de Shayarina Monard, quien considero la estudiosa más profunda sobre Kohn; fui guía del edificio de la Cruz Roja Ecuatoriana para el proyecto MIO (2018) del Colegio de Arquitectos y lo incluí en mis rutas para mis clases de Historia tanto en la Universidad Central como en la Universidad Internacional SEK de Quito; volví a conocer el Palacio Municipal a través de Juan Espinosa, coautor del proyecto; y, finalmente viví durante varios momentos de mi vida en el edificio Bellevue de Jaime Dávalos primero sin ningún conocimiento de arquitectura y luego con la mirada desde el estudio de caso para el doctorado.

Luego se revisaron los códigos desde su función metalingüística. Desde esta perspectiva se entiende la hibridación como una fusión de industrias culturales y sus estrategias espaciales. Digieren estas mezclas, identificando alianzas entre "mundos" distintos dándole una fuerza innovadora a los edificios. De esa forma los códigos nos permiten comprender algo que se mantenía inexplicado.

Como tercer paso, utilicé la referencia del Movimiento Moderno Europeo, que convirtió estos edificios en productos de consumo cultural con un tinte aspiracional. En una búsqueda de progreso es fundamental la imagen de progreso, y estos referentes traían la imagen, aunque no necesariamente traían el progreso. El afán de consumo se convirtió en la herramienta de producción y difusión de los proyectos arquitectónicos que asimilan los códigos del Movimiento. Para esto, presento estudios de caso que emplean estas metodologías de hibridación desde varios enfoques: tipológico, de lenguaje, morfológico, contextual, constructivo y semiótico.

Finalmente, se evaluaron los proyectos desde su traducción o hibridación de los códigos, en donde se evidencia la hibridación. Hay un comportamiento natural hacia la agrupación de conocimientos que motiva la complementariedad. La hegemonía de la razón determinista que se apoya en el positivismo lógico es una herramienta occidental que apalanca el Movimiento Moderno, al llegar al Ecuador, se contrapone con el bagaje ancestral andino que se basa en una ontología cargada de símbolos. Este encuentro permite la opción de negar o absorber lo llegado, al optar por lo segundo se produce una simbiosis entre las dos, este nuevo producto híbrido es el reflejado en los casos de estudio.

La investigación presentada busca reconocer los atributos de la arquitectura de la ciudad de Quito en el período entre 1930 a 1970, período en el que se gestó la profesión de la arquitectura tanto desde la formación, las agrupaciones gremiales y los desarrollos profesionales.

Esta investigación se une a un grupo de otros estudios sobre la particularidad de la arquitectura quiteña que han surgido en paralelo sobre todo a partir de 2020, que espero resuelvan vacíos de documentos previos y que además permitan una visión heterogénea del proyecto de arquitectura en Quito. En este libro me he permitido bordear los límites de los estudios historiográficos o de catalogación de obras porque existen estudios con esos enfoques. Pretendo fomentar la crítica y premeditadamente crear discusiones sobre los enfoques de mi investigación.

El ámbito de la investigación rompió los límites disciplinares ortodoxos, es decir que, a pesar de ser una investigación sobre arquitectura, continuamente se alimentó de conceptos, alianzas entre atributos técnicos, sociales o filosóficos, y una renuncia a las definiciones puras u ortodoxas. De muchas maneras, el libro es híbrido no sólo desde el enfoque sino desde su estructura. Para esto, como herramienta de verificación de los estudios de caso, utilizo los códigos de hibridación que cumplen a la vez valores espaciales, culturales y semióticos.

LA CONDICIÓN

La condición, entendida como la naturaleza o propiedad de las cosas, en este caso del territorio de Quito, me permite explicar mi perspectiva para ordenar la tesis no de manera cronológica, sino de lo general a lo específico, y de lo firme (la condición tiene un carácter primitivo, que a lo largo del tiempo se vuelve permanente) a lo dúctil.

Esta constitución fundamental del territorio analizado muestra ciertas cualidades, que creo, están presentes en el proceso creativo quiteño y conforman el vocabulario básico de actuaciones en la ciudad. Estas son: la fuerza del territorio y la naturaleza, la noción de escasez, la respuesta rápida e instintiva, y los sistemas de asociación y dispersión.

ESCENARIO Y TEJIDO

El escenario es entendido como el soporte en donde se acentúan las actuaciones arquitectónicas, no solo de manera territorial o histórica, sino bajo una visión genética[1], es decir, la herencia transmitida de generación en generación, que entrega las reglas permanentes para cualquier actuación. El escenario no es un "terreno" con una manifestación física, sino un espacio que junta lugar y personas, provocando una interrelación en la actividad. Este pacto entre sitio y sociedad es el tejido. Es un comportamiento que se corrobora por la permanencia.

Vista nublada de los valles de Quito y la cordillera oriental de fondo desde Guápulo.
Foto: Néstor Llorca, 2016.

Esta fórmula evoluciona como un legado curtido por el tiempo y las características endémicas del territorio. Dentro de esta situación particular, el escenario quiteño tiene una fuerza suficiente como para prevalecer casi intacto a lo largo de 6 siglos, es decir antes de la llegada de las campañas coloniales a los territorios sudamericanos.

[1] Es interesante en el sentido inverso de mi analogía, la de John Sulston (Nobel de medicina y fisiología del 2002) y miembro del proyecto "Genoma humano" desde la biología a la arquitectura, cuando compara el genoma y su lectura como un plano arquitectónico, "Todos los vertebrados necesitan genes de control, pero tenemos que conocer cómo funcionan" Conferencia: El hilo común de la humanidad: Una historia de la ciencia, de la política y de la ética del genoma humano, Barcelona, 7 de octubre 2003

Una suposición recurrente en el estudio de Quito es que la ciudad se definió a partir de diciembre de 1534[2], que, del contundente proceso fundacional surgieron los rasgos de identidad, la civilización y la cultura quiteña, y que lo anterior aunque existente no era meritorio de prevalecer. Esto no es verdad.

Lo cierto es que las condiciones de Quito eran complejas e imponentes antes, durante y después de los procesos de fundación y el proceso de colonización tuvo que acoplarse al territorio cediendo varias regulaciones de la ley de Indias para poder establecerse[3].

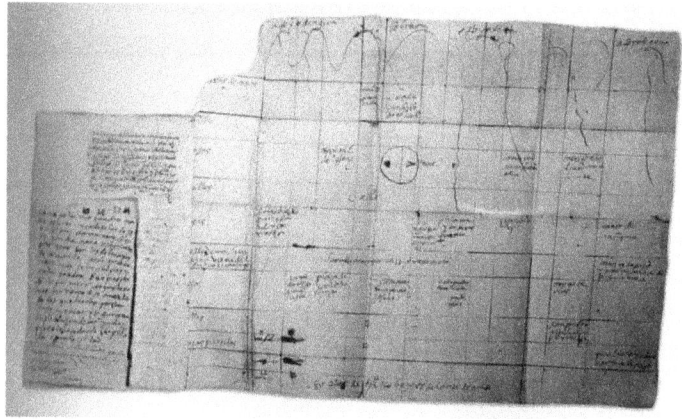

Traza que acompaña a la relación anónima de 1573. Real Academia de Historia, Madrid.

[2] "Cuenta la leyenda que el nombre de Quito viene de un pájaro o tórtola llamada en quichua quitu* "dicen que sus dos primeros habitantes, Pacha y Cacha, se salvaron del diluvio ascendiendo al Pichincha. Permanecieron ahí hasta que una tórtola, que llevaba una pequeña planta en su pico, les anunció que podrían bajar a la llanura, donde se asentaron en lo que se llamaría Quito. Este pájaro tradicional de la región se llama quitu en quichua" (Collin Delavaud, 2001;32) p135

[3] Hay varias reseñas que explican las particularidades en la fundación de Quito, incluida la competencia entre dos bandos colonizadores, inclusive con dos actas fundacionales distintas de Santiago y San Francisco de Quito, por Almagro y Benalcázar, siendo efectiva la de Benalcázar. El territorio tenía cierta jerarquía estratégica, convirtiéndola en la primera ciudad fundada en América del Sur: 1534 Fundación española 6 de diciembre de 1534, antes que Lima (1535), Buenos Aires (1536), Asunción (1537), Bogotá (1538), Santiago (1541), La Paz (1548), Caracas (1567), Montevideo (1750). "Antiguo núcleo de población indígena, Quito fue desde el arribo de los españoles uno de los principales centros de la fusión entre las razas India y española, tanto del punto de vista étnico como del cultural y agrícola". (Salvador Lara 2009)

Ya sea por fuerza o por seducción, las irrupciones extrañas han prevalecido en la medida en la que aceptaban las condiciones del escenario quiteño, en caso contrario estas eran engullidas y eliminadas, una actuación similar a una digestión. Quito, hasta la fecha, es una ciudad que recibe golpes y se cura con gran eficiencia.

La visión del tejido no implica necesariamente la configuración física de la ciudad, sino una unión de dispositivos que controlan lo construido, los cuales se coordinan entre ellos para asociarse de manera ordenada, formando un patrón de comportamiento, crecimiento y control. Estos mecanismos pueden ser materiales o invisibles, y su nivel de influencia es profundo en el comportamiento de la sociedad. En Quito estos elementos distintivos van desde los volcanes, la iconografía artística, el uso mixto del lenguaje entre español y quichua[4], la exactitud e invariabilidad del intenso sol ecuatorial o un conjunto de pautas de comportamiento regionales que se entretejen para condicionar la ciudad física: las calles, edificios y espacios abiertos.

Esta condición se potencia por la geografía de la ciudad. El paisaje quiteño es una consecución de planos en los que se mezclan las personas, lo construido, una vegetación típica del clima templado, la cordillera de los Andes y el cielo abierto. No existe la perspectiva infinita, sino más bien, una serie de límites pintorescos que recubren la ciudad, en la que destaca a veces una iglesia colonial, una plaza dialogando con la escarpada topografía o una larga prolongación de edificios adheridos a una avenida longitudinal. No hay entonces un solo horizonte sino un "skyline" definido por una diversidad de capas que se unen de una manera difusa, permitiendo una relación implícita entre lo construido y lo natural. Algo así como un cuadro impresionista, en el que la luz define los elementos, pero éstos sólo son entendidos como parte de un todo en los que las formas subyacen bajo un contexto lógico.

---

[4] Hasta la fecha es habitual el uso de ciertas palabra en quichua entremezcladas con el español, palabras como guagua, achachai, ruco, etc.

El Pichincha visto desde "la colina". Tinta china sobre papel cometa.
Autor: Néstor Llorca, 2004.

"Quito niebla verde", Oswaldo Guayasamín, óleo sobre lienzo, 1948.

EL TERRITORIO

En la condición de un territorio rígido, de gran altitud, ecuatorial, oblongo y andino la arquitectura se flexibiliza y se vuelve un elemento dúctil que envuelve la geografía sin ocultarla. Esto permite que el establecimiento en el ambiente de lo construido sea un pacto para conseguir su permanencia.

"El mapa no es el territorio"[5], la relación del ciudadano con el territorio es única y subjetiva, se potencia más allá de la cartografía, sin embargo la condición más obvia resulta siempre la física, y en los estudios de Quito son habituales. Largas descripciones de su situación geográfica, probablemente como una necesidad de argumentar el establecimiento de una capital en un lugar tan atípico. Normalmente los textos sobre Quito hablan de sus circunstancias, entendiéndose estas como la combinación de aspectos raros de su geografía, clima, tradiciones o sociedad, una mezcla caprichosa que obliga a investigadores de cualquier rama, ecuatorianos y extranjeros a bosquejar esta rara atmósfera al lector de la ciudad, antes de exponer sus estudios.

Son notables los textos de Alexander Von Humboldt, los miembros de la misión geodésica: La Condamine, Jorge Juan, Pedro Vicente Maldonado, algunas reseñas de le época de la incursión y fundación española, varios escritos de locales, viajeros, naturalistas, vulcanólogos, científicos, artistas, poetas, etc. Quito es omnipresente, activo y dominador.

Es una rutina y una exigencia de ubicación tener que explicar la figura de la ciudad, afirmando así su protagonismo e influencia en las transformaciones permanentes o transitorias, un acuerdo entre artífices y territorio que permitió la invención de nuevos instrumentos particulares, asociadas a su geografía, historia y temperamento. Una descripción del locus desde una cartografía sistémica que permite fusionar sus elementos, provocando uno nuevo, complejo y sustituto de su antecesor.

---

[5] La frase "El mapa no es el territorio" fue promulgada por el lingüista polaco Alfred Korzybski en su obra Science and Sanity (1933) y posteriormente pasó a ser integrada como postulado básico de la Programación Neurolingüística

La ciudad, ubicada sobre la línea ecuatorial, a una altitud de 2800 msnm en medio de la andina *"avenida de los volcanes"*[6], ha mantenido por siglos un interés estratégico para intercambios, distribución y traducción de primicias culturales, administrativas o políticas para la región. Recostada sobre las faldas de un volcán activo al oeste[7], se ha inscrito siempre con esta muralla, y la presencia al este, de un descenso escarpado de casi 600 metros de altura en 4 kilómetros, obligando el crecimiento longitudinal de la ciudad en el sentido norte/sur, generando una configuración muy alargada en una relación 1:12 entre ancho y largo y una superficie urbana de 52 479 Ha[8].

Debido a este despliegue prácticamente unidimensional, la ciudad no ha engullido sus capas históricas, sino que se ha desarrollado en dos escalas:

1) territorialmente, anexando un período con el siguiente, permitiendo el fácil reconocimiento de las épocas y los momentos que abisagraron un movimiento arquitectónico con su consecutivo, utilizando quebradas, altitudes, infraestructuras o cambios morfológicos en la distribución de la ciudad,

2) arquitectónicamente, en cambio, en una disposición dispersa, que solapa épocas y lógicas históricas entre barrios, tipologías de manzana, usos y tecnologías, inclusive en el Centro Histórico.

Esta doble situación, vuelve complejo el análisis historiográfico de arquitectura en Quito y, dificulta la aplicación de la metodología morfológico-histórica, usualmente utilizada para leer las ciudades europeas. En Quito es necesario un levantamiento casi arqueológico en algunos barrios para entender su desarrollo. Estas transiciones provocan una lectura compleja de la ciudad desde las prioridades, roles y relaciones entre lo público y privado a través del tiempo.

---

[6] Término otorgado por el científico alemán Alexander Von Humboldt en 1812 a la cordillera de Los Andes en la zona ecuatorial.
[7] Se convive con mucha suficiencia la presencia de volcanes activos (el Guagua Pichincha erupciona con una periodicidad cercana a los 200 años, siendo la última en 1999) y el asentamiento sobre una falla geológica importante.
[8] Censo de población y vivienda 2010, INEC

En cuanto a la primordial relación con el sol, esta prevalece dentro de lo tangible en lo construido y lo intangible en el imaginario, los pobladores de Quito históricamente son solares, desde la búsqueda mística hasta la protección y confort, el sol es quien da las pautas. Al ubicarse en la línea ecuatorial, recibe una gran cantidad de iluminación constante todos los días del año, con dos estaciones tenues y relativamente homogéneas. Las preocupaciones de otras zonas acerca de las temperaturas riesgosas, nieve u otros infortunios climáticos no están presentes.

Estas condiciones, unidas con un mantenido y valioso centro histórico, otorgaron a esta zona de la ciudad, la primera denominación por parte de la Unesco como Patrimonio Cultural de la Humanidad en 1978[9]. Al ser la primera ciudad en el mundo (junto con Cracovia), en recibir esta denominación, los quiteños llevamos esta condición como un tatuaje, y a la hora de intervenir en el espacio, la declaración patrimonial está implícita, entregándole un rol a la ciudad. Así como existen ciudades olímpicas, industriales, culturales o sombrías, Quito lleva "patrimonio" escrito en la frente. En las escuelas de arquitectura, y en general en las intervenciones artísticas, este sello ha creado una dicotomía de posiciones sobre la nueva producción y su relación con el pasado.

La fortaleza geográfica ha provocado que otras variables normalmente impositivas pierdan fuerza. Esta es una de las particularidades que han caracterizado la reconfiguración de los movimientos extranjeros al llegar a Quito. Así, no se habla de barroco sino de barroco quiteño, no de casas coloniales, sino casas coloniales quiteñas, los *brise solei*, se vuelven dobles o triples, etc. Son particulares en esta ciudad por su obligación de adaptación geográfica y solar.

---

[9] "…la declaratoria de la ciudad de Quito, como Patrimonio Cultural de la Humanidad, por la UNESCO, a través del Comité Intergubernamental del Patrimonio Mundial, verificada en la ciudad de Washington, el 8 de septiembre de 1978, convirtiéndose junto con Cracovia en Polonia, en las primeras ciudades en integrar la lista del Patrimonio Mundial. En la primera convocatoria, se presentaron 69 candidaturas tanto para bienes naturales como culturales, en donde las Islas Galápagos, también del Ecuador, fueron declaradas Patrimonio Natural de la Humanidad. Desde entonces, año tras año, la lista se ha ido enriqueciendo con ciudades tan legendarias y cercanas a nuestra cotidianidad, como 'otras tan distantes alrededor de todo el orbe." (López, Fabián, 2005, 144-145, en *Primeras Jornadas de Patrimonio en América Latina*)

Esto hace que la historia, entendida como una evolución cronológica consecutiva de hechos en este territorio, no sea la regla. Desde mi análisis, Quito no se ha consolidado a través de la historia, sino a pesar de ésta. El territorio en el que se ha asentado la actual ciudad ha pertenecido a varias y diversas estructuras de gobierno, los reinos indígenas, incas, la ciudad colonial, los períodos republicanos tempranos, las reestructuraciones o la globalización[10].

Sin embargo, han existido ciertas actividades características permanentes, relacionadas a formas productivas y de convivencia social, que se han mantenido con independencia al momento histórico.

Esta es una conducta espontánea de asimilación pasiva de las inyecciones culturales que han reconfigurado lo tradicional a través del patrocinio de lo nuevo como norma, provocando, en la actualidad un desdoblamiento entre continuismo y discontinuismo histórico/colonial. Una historia permanentemente variable, sin fuertes ciclos de paz o de guerra[11] sino con momentos puntuales de una gran volatilidad, y un comportamiento dócil de asimilación del impacto, emparentados con nuevas disputas de poder, de sesgo científico o de la discriminación sobre el uso del espacio público.

---

[10] "La Ciudad de San Francisco de Quito se acuesta suavemente sobre las faldas del volcán Pichincha. La ciudad colonial española fundad por Sebastián de Benalcázar el 6 de diciembre de 1534, ocupó el mismo lugar donde los Incas tuvieron la última capital de su inmenso reino. Sin embargo, ellos no hicieron sino reconocer como suya la capital del antiguo reino de los Caras, vencedores a su vez de los Quitus" (Di Capua, Constanza, *Quito colonial*, 1968, p8)

[11] En Quito hemos tenido luchas, enfrentamientos y cambios violentos de poder, con orgullo se relatan desde la Batalla del Pichincha del 24 de mayo de 1822, el "Primer Grito de Independencia" del 10 de Agosto de 1809, los enfrentamientos con el Perú de 1941,81 y 95, hasta "La rebelión de los forajidos" de 2005, sin embargo más que modificar la Ciudad, han ocurrido paralelamente a su desarrollo.

LA NOCIÓN DE ESCASEZ

Permanentemente, la condición del lugar y la toma de decisiones sobre el desarrollo de un territorio incluyen la capacidad tecnológica, los valores simbólicos, la economía, la ideología y la perspectiva sobre el "otro", que desembocan en el comportamiento social. En Quito, la suma de estos elementos generan procedimientos, uno de ellos es la noción de escasez. La austeridad como norma y no como imposición.

La lógica de ajuste a los recursos ha provocado la permanencia de los asentamientos centenarios desde los pobladores hasta los edificios. Muchas actividades relacionadas a la idea del ahorro en la actualidad, tienen reminiscencias antiguas. El Tianguez[12] continuó sobre las plazas coloniales, la vivienda vernácula de la sierra sigue dando ejemplos de construcción actual, el uso del adobe o bahareque siguen apoyando el discurso en el medio quiteño de una decisión eficiente de diseño por su coste y uso de recursos.

Una asociación de la noción de escasez en la arquitectura quiteña es una exigencia sobre la flexibilidad espacial, esto ha provocado cierta indefinición de los usos, tipologías e interpretación de la normativa, que han tenido por un lado proyectos dúctiles y por otro una gran masa de construcciones que parecen "a medio acabar". Sin embargo la plasticidad de la arquitectura permite mayor vigencia en el tiempo, creando edificios que en lugar de volverse obsoletos se han acoplado a los cambios. Esta condición permitió crear una escuela desde la experimentación, la fusión y las condicionantes sociales.

Con el transcurrir del tiempo, esta condición de prudencia generó sistemas permanentes de acoplamiento a lo nuevo y una especie de defensa de la habilidad de resolver las cosas pese a la carencia. En 1954 una serie de discursos pensados para relatarse por radio patrocinado por la alcaldía de Rafael León[13], hacían apología de esta austeridad:

---

[12] "Vocablo Nahuatl (México) que se adoptó en Quito para mercado al aire libre.
[13] Alcalde de Quito entre 1952 a 1955 del PCE (Partido Conservador Ecuatoriano, actualmente extinto)

> "Quito, hemos de afirmar con noble orgullo, siempre estuvo civilizado por dentro. Ha sido una ciudad que piensa, sabe y medita. No nos avergoncemos de no haber tenido los primeros grandes aeródromos, potentes generadores de luz y fuerza eléctricos, deslumbradoras avenidas, ricos barrios residenciales, paseos espléndidos, edificios monumentales de administración. Tuvimos y tenemos lo esencial, que es la civilización por dentro." (Villasís 1955, 19)

Hay que aclarar que históricamente el Ecuador es un país con poco dinero, no con pocos recursos, pero sí con poco dinero. Este hecho también se ha descrito por una serie de viajeros[14] y probablemente ante cierta holgura nos hubiéramos deshecho de edificios de valor o reconfigurado la ciudad engullendo cualquier planteamiento que se haya servido de esta noción de escasez para ser eficiente.

El fenómeno de nuevos ricos, en el que como sociedad hemos hecho intervenciones rocambolescas en lugar de acciones de largo plazo son una evidencia de la falta de costumbre ante la abundancia de presupuesto, que paradójicamente ha tenido un resultado negativo en el espacio público y la gestión del territorio, provocando la segregación socioespacial a causa de las grandes edificaciones gubernamentales.

Este fenómeno se ha repetido en los llamados "booms" económicos, como momento más reciente puede evidenciarse en en los primeros años de la década de 2010, en donde el país estuvo lleno de buenos datos macroeconómicos[15], y existía un ambiente de opulencia inédito, relacionado a un alto precio del petróleo, que provocó una intervención inmobiliaria enorme, tanto pública como privada que sacrificó el espacio público y el mantenimiento de edificaciones de calidad entre las que están las del Movimiento Moderno.

---

[14] "A nosotros recién venidos, al principio nos parece como si fuera una ciudad triste… y no creo que encontremos en todo Quito más de tres casas donde las puertas y las ventanas cierren perfectamente", es el testimonio de Joseph Kolberg en 1871. (Kolberg, Joseph. *Hacia el Ecuador: relatos de viaje.* Quito: Abya-Yala, 1996, p.477)

[15] De la base de datos de Maddison Project, que proyectó PIB para el Ecuador en GK$ para varios años : 1870 - 411, 1900 - 594, 1940- 1109, 1970 - 2335, 2000 - 3911 y 2010 – 5050

Visto en retrospectiva, la construcción en el país ha respondido a momentos marcados de discontinuidad económica y política de formas muy específicas. En Quito ha modificado su impacto en el territorio sustancialmente desde inicios del siglo XX, desde la expansión de la ciudad de 1906 en la que supera los límites del Centro Histórico[16]. Posteriormente con el Plan Jones Odriozola de 1942[17], los siguientes planes reguladores[18], el aumento progresivo de la población, fruto del desarrollo industrial[19], el boom petrolero de la década de 1970[20], la creación de nuevas zonas

[16] Desde inicios del s XX ocurrieron en Quito varios hechos que promulgaron su expansión: la instalación de luz eléctrica encargada a Francisco Durinni, que permitió una mejora de la infraestructura, y la creación del "Banco del Pichincha" y del periódico "El Comercio" que provocaron la primera ocupación de los terrenos del barrio "Mariscal Sucre", ampliando el perímetro conocido de la ciudad en 1906.

[17] El conocido como "Plan Jones Odriozola" es el proyecto de expansión urbana de Quito, realizada por el arquitecto uruguayo Guillermo Jones Odriozola bajo un esquema higienista, con una posición sobre el paisaje, la topografía y el modo de vida quiteño, que en un afán modernizador dividió la ciudad por ejes, zonas de vivienda por "categorías de usuarios" y generó directrices para el crecimiento de la ciudad que permanecen hasta la actualidad.

[18] A partir del "Jones Odriozola", en Quito se tiene la práctica de realizar planes para pronosticar el crecimiento de la ciudad, desde la normativa, políticas, uso del espacio público, así existen: "Plan Regulador para la Ciudad de Quito" 1945, "Plan Regulador de Quito" 1949, "Plan Director de Urbanismo de San Francisco de Quito" 1967," Quito y su Área Metropolitana Plan Director 1973 – 1993" 1973, "Plan Quito - Esquema director" 1980, "Plan General de Desarrollo Territorial (PGDT)" 2001, "Plan de uso y ocupación del suelo (PUOS), Actualización" 2013, y el vigente "Plan Metropolitano de Ordenamiento Territorial 2012-2022"

[19] Desde mediados del s. XX en Quito se instauraron con estabilidad industrias dedicadas a procesos de productos alimenticios, de materias primas y de baja tecnología, estas actividades normalmente dependían del sector exportador. Esta apertura de plantas industriales generaron el desarrollo paulatino de los bordes norte y sur de Quito.

[20] Se conoce como "Boom petrolero" en el Ecuador, al período entre 1972 a 1982 de dependencia económica del país por sus significativos ingresos petroleros. En 1964 el consorcio Texaco-Gulf comienza sus operaciones en la Amazonía a quien el estado ecuatoriano del gobierno de la junta militar comandada por Ramón Castro Jijón, le otorgó el derecho de explotación de alrededor de medio millón de hectáreas. Produciendo una conexión financiera por explotación petrolera desde entonces. Estos nuevos ingresos petroleros generaron una gran intervención en la construcción de infraestructura y edificios públicos. El edificio más representativo de este fenómeno probablemente sea el Ministerio de agricultura y pesca, ubicado en la avenida Amazonas y Eloy Alfaro.

administrativas[21], el rol de centralidad y financiero y la influencia de la arquitectura patrimonial[22], constituyen un entorno complejo en el que los arquitectos se han amoldado, en general actuando con poca consistencia, cuidado y disciplina cuando ha existido riqueza y, con prudencia y orden en momentos de economías decaídas.

Fruto de la holgura actual existen una gran cantidad de actuaciones a gran escala, muy altos precios de producción y venta del "metro cuadrado" de construcción, grandes infraestructuras e intervenciones caprichosas. Por ejemplo, el llamado plan gubernamental de "Revitalización del Centro Histórico de Quito" que ha eliminado edificios del Movimiento Moderno, calificados de

> "atentados a la estética, antifuncionales... vamos a hacer una regeneración humana y una regeneración urbana... por supuesto los edificios más feos del centro histórico construidos a final de los 60 y los 70, toditos son edificios públicos... vamos a derrumbar esos edificios y vamos a hacer espacios verdes..."[23]

---

[21] El Distrito Metropolitano de Quito está dividido en ocho administraciones zonales, con el objetivo de descentralizar las actividades de gobierno local, esta división por zonas está creada por ordenanza, en la actualidad las administraciones zonales son: La Delicia, Calderón, Norte Eugenio Espejo, La Mariscal, Centro Manuela Sáenz, Eloy Alfaro, Quitumbe, Tumbaco y Los Chillos.

[22] Las condiciones de la ciudad, unidas con un mantenido y valioso centro histórico, otorgaron a esta zona, la primera denominación por parte de la Unesco como patrimonio cultural de la humanidad en 1978, junto con Cracovia, "...la declaratoria de la ciudad de Quito, como Patrimonio Cultural de la Humanidad, por la UNESCO, a través del Comité Intergubernamental del Patrimonio Mundial, verificada en la ciudad de Washington, el 8 de septiembre de 1978, convirtiéndose junto con Cracovia en Polonia, en las primeras ciudades en integrar la lista del Patrimonio Mundial. En la primera convocatoria, se presentaron 69 candidaturas tanto para bienes naturales como culturales, en donde las Islas Galápagos, también del Ecuador, fueron declaradas Patrimonio Natural de la Humanidad. Desde entonces, año tras año, la lista se ha ido enriqueciendo con ciudades tan legendarias y cercanas a nuestra cotidianidad, como 'otras tan distantes alrededor de todo el orbe." pp144-145 (López 2005)

[23] Rafael Correa, en "enlace ciudadano 283", minutos 20 a 30, 4 agosto de 2012. Al no ser esta una tesis de sociología o política no describiré el uso de los medios como instrumento de comunicación que cada sábado utiliza el presidente Correa, pero sí la sorpresa que suscitó la llegada de esta información en el campo arquitectónico desde este medio.

Entre estos edificios está la ex Dirección Provincial de Salud en la que ahora se sitúa una plaza, la Casa Cherrez de Oswaldo de la Torre y varias obras más, incluido algún Premio Ornato. Este plan promueve una cultura de la suplantación, y ha generado varias voces de descontento entre historiadores, arquitectos y estudiantes, dentro de un hermetismo complejo. En este contexto se ha producido un proceso continuo de disputas entre desarrolladores inmobiliarios que relativizan el valor de las obras arquitectónicas en favor de nuevos desarrollos frente a cuerpos colegiados y agrupaciones que son portavoces del resguardo de los edificios con valores patrimoniales.

En el año 2021 existe la disputa sobre el derrocamiento del Hotel Quito, una obra singular del arquitecto Chalres MacKirahan, que es una innegable pieza de valor patrimonial que debe ser protegida. Aún así, está en medio de una disputa legal fruto de la ambigüedad de la normativa, convirtiéndose en el reflejo más reciente del abuso de la especulación inmobiliaria que degrada el valor histórico como una antítesis de la eficiencia que busca una ciudad en crecimiento, "a la altura" de una urbe globalizada. Pero, como apunté previamente, Quito es una ciudad que sana rápido y en espera de esta reacción, siento cierto consuelo por las posibles pérdidas.

A partir del primer diálogo quiteño con Europa, se generaron herramientas para acoger la información novedosa, extraña o inédita a partir de esta noción de ahorro. Esta postura de economizar como medio de adaptación no solo era de recursos, sino de dimensiones del espacio, sistemas constructivos y la simplificación de procedimientos que redujeron tiempo y la cantidad de personas que actuaban en estos procesos. Desde los españoles con la campaña de conquista y fundación de 1534 hasta la independencia en 1822; luego los franceses con la misión geodésica de 1750, el alemán Humboldt y sus observaciones sobre montañas y naturaleza (luego otros varios germanos en el s. XX), religiosos italianos (con un gran auge de arquitectos desde inicios del siglo XX), daneses y otros entre 1850 y 1930 y luego los llegados de a causa de la 2da, Guerra Mundial, checos, suizos, austríacos, etc.

Los visitantes consiguieron sincronizarse con la sociedad por esta empatía en la visión de la moderación.

"Paradójicamente, son los países más ricos y los más pobres los que plantean soluciones arquitectónicas más audaces y modernas. Los primeros, por sus recursos económicos y los segundos, porque pueden partir de cero son el obstáculo de anticuadas estructuras urbanísticas... anticuadas estructuras urbanísticas..." (Alexander, 1973, p 117)

Por este fenómeno y paralelamente a la capacidad tecnológica del momento, se generó un método de identificación de las distintas referencias de los proyectos. Un valioso ejemplo es la escalinata convexa de la Plaza de San Francisco en el siglo XVI[24] como interpretación del diseño de Lorenzo Bernini, que además por asentarse sobre el anterior Tianguez, fue una eficiente herramienta de imposición cultural en época colonial.

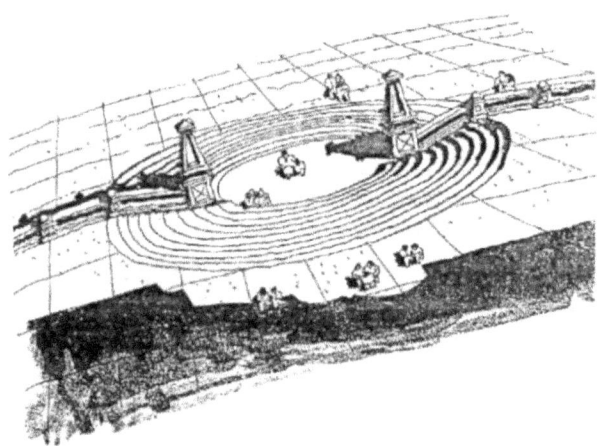

Boceto de la escalinata de la Plaza San Francisco, Quito, en el libro "el interior de la historia" M. Waisman.

---

[24] Sobre esta escalinata y la Plaza de San Francisco que siempre llama la atención de los visitantes "Sería incomprensible, por ejemplo, la obra de los arquitectos que actuaron en la época colonial sin el conocimiento de los libros de tratadistas que circularon en los países de América Latina. ¿Cómo podría entenderse la escalinata de San Francisco de Quito sin conocer, el dibujo de Serlio, y apreciar plenamente la brillante transferencia efectuada por el arquitecto a la escala monumental de la plaza quiteña? (Waisman, El interior de la historia. Historiografía arquitectónica para el uso de latinoamericanos 1990) p. 21.

La condición autodidacta de bajo presupuesto se perfeccionó gracias a la especialización de los procesos constructivos sencillos y artesanales, que registran las habilidades particulares con las que fueron diseñadas y construidas las obras arquitectónicas. Es decir, la natural unión de trabajo artesanal, pedagogía informal y moderación de recursos produjo un adiestramiento instintivo de locales y extranjeros.

Existen, sin embargo, varios puntos de inflexión dentro de la historia que otorgan a la ciudad rasgos particulares. Parte de esta condición permanente es la aceptación de cambios radicales (otra semejanza con la genética). El proceso evolutivo de Quito tiene varias huellas imponentes, dilatadas y en gran medida de influencia inesperada. La capacidad de planificaciones urbanas, edificios y territorio de satisfacer cuestiones para las que no fueron concebidas, germinada de la ocupación y el diálogo con los otros es una forma de pactar entre naturaleza, sociedad y lo construido.

La arquitectura ecuatoriana se ha servido de la austeridad y el bajo presupuesto como recurso proyectual, una especie de "estética de la pobreza". Así, la arquitectura tiene el papel de moderador de los modos de vida y el territorio existente, el escenario, en contraposición con el uso de aparatosas puestas en escena de novedad en riqueza, en gran parte porque no podemos permitírnoslo, pero además porque no lo aceptamos del todo. Se ha creado un método ahorrativo para hacer arquitectura, no por disfrutar de lo atractivo en lo pobre, sino por explotar el valor artístico de lo cotidiano y popular.

LA RESPUESTA INSTINTIVA

"SEÑOR LADRÓN:
Sea buenito, entregue los papeles y más documentos tomados del automóvil Volkswagen azul parqueado en la 10 de Agosto N°3600 y Mariana de Jesús, puede quedarse con los jaquets y cartera. Deposite en el buzón del Correo Central. No sea H.P." Nota anónima en un periódico quiteño

> **SEÑOR LADRON:**
> Sea buenito, entregue los papeles y más documentos tomados del automóvil Volkswagen azul parqueado en la 10 de Agosto N° 3.600 y Mariana de Jesús, puede quedarse con los jaquets y cartera. Deposite en el buzón del Correo Central. No sea H. P.

Nota anónima en un periódico quiteño. s.f./s.a.

El imaginario, es decir, lo perceptible pero abstracto del quiteño incluye la inmediatez, la solución veloz casi urgente de los problemas, normalmente sin abarcar todas las consideraciones oportunas, pero con la habilidad de concluir el encargo, conseguida por el hábito de actuar sobre la marcha. Unido a la noción de escasez ejemplifica de buena manera la economía inestable del país.

Existe un reto muy complejo en la reflexión de las perspectivas sobre la economía del Ecuador, un país en el que la situación económica ha dependido de precios de productos que no controla, sobre todo del petróleo y la capacidad de endeudamiento, ambos factores externos y altamente cambiantes, las proyecciones a futuro han resultado artificiales e imprecisas.

Este acto reflejo está también presente en la forma de hacer arquitectura, y siendo esta un proceso complejo, voluminoso y costoso, esta destreza ha tenido que madurar inexcusablemente. Actuar de manera reflexiva no parece un comportamiento natural para los procesos de diseño normados, sin embargo le son comunes a las construcciones vernáculas.

Nota anuncio de la llegada del primer barril de petróleo en Quito, 26 julio 1972. Foto Luis Mejía

La nota introductoria puede no hablar de arquitectura pero es muy quiteña, no solo porque el cruce de la avenida 10 de Agosto y Mariana de Jesús es un punto reconocible de la ciudad, sino porque ejemplifica esta reacción instintiva ante un problema. Frente a un robo puedes poner una denuncia en la policía, renovar los papeles (en varios trámites y múltiples sitios) o solicitar un anuncio en un periódico para pedirle al ladrón la devolución de los documentos. Además, presenta otra condición altamente difundida en la ciudad, anteriormente en la introducción de la tesis: usé a Welles y el libro "1984" referencie el término "doblepiensa", en general es la capacidad de pensar dos cosas contrarias a la vez, la nota inicia con un "sea buenito" y termina con un "no sea H.P.". Este es un ejemplo jocoso, pero lo encuentro en extremo ilustrativo.

Este fenómeno de actuación en la arquitectura tiene indudablemente un carácter amateur, informal y prosaico. En buena medida esto generó una disputa con los profesionales, pero eso no provocó una pérdida de campo de acción, sino que ha obligado compromisos, es decir, los técnicos des-aprendieron su mirada refinada[25] y permitieron el ingreso de lo cholo[26] en sus formas de diseñar. Paralelamente, existía de parte de los académicos una desventaja fruto de la condición del país: en las ciudades no generadoras de tendencias culturales, la respuesta arquitectónica se efectúa comúnmente con retraso con respecto a la creación del estilo que representa, lo que implica una desvalorización del producto arquitectónico, ya que si este sólo se reproduce bajo las normas originarias, se vuelve anacrónico.

Los practicantes de la respuesta instintiva, albañiles, carpinteros, canteros, etc. corrían con ventaja, por el conocimiento de las soluciones bajo un desarrollo técnico limitado y procedimientos informales con respuestas sencillas, útiles pero deslucidas. Estos personajes, en la época analizada, pactaron un convenio tácito con los arquitectos que permitió mejorar la calidad estética de lo "informal" y transferir el *"know*

---

[25] Un ejemplo esclarecedor de este proceso, es en el minucioso análisis de Christian León y Miguel Alvear en el cine informal del país, una investigación denominada "Ecuador bajo tierra" de 2009 "en mis primeros acercamientos a EBT… tambalearon mis certezas como crítico y estudioso… para alguien educado en la cinefilia clásica, la historia del cine y el canon euronorteamericano, el acercamiento a filmes como *Pollito 2* o *Sicarios Manabitas*, pone en tensión una cantidad de valores y hábitos de lectura encarnados en el cuerpo y la mirada. Solo después de un complejo proceso de desaprender lo aprendido y de indiciplinamiento de la mirada, pude empezar a disfrutar…" (Alvear y León 2009, 22)

[26] Lo Cholo como mestizo, "Igualmente, los viajeros extranjeros de la primera mitad del s. XX usaron el término «cholo» como sinónimo de mestizo. En 1907 el alpinista alemán Hans Meyer, junto a los «peones indios de poncho y sombreros grises de fieltro» y los «muchos blancos de paletot y bastón» que encuentra en las calles de Quito, señala a los «cholos mestizos». Más tarde la turista norteamericana Blair Niles, a inicios de los 20, destaca: «El cholo a nuestro modo de ver, reúne y compendia en sí las buenas ejecutorias y ventajas de las dos razas: de sus antecesores los indios y de sus conquistadores los españoles»" (Espinosa Apolo 2003, 33-34)

how" doméstico a los profesionales. Indudablemente esta transferencia fue beneficiosa para ambas partes; los artesanos aprendieron técnicas y mejoras compositivas y los cultos abandonaron la persecución de novedades para dar lugar a una versión propia de estas corrientes.

Salvo ciertas manifestaciones artísticas como la "Escuela Quiteña"[27] o la obra de pintores del siglo XX como Oswaldo Guayasamín, Gonzalo Endara Crow, Eduardo Kingman, Luigi Stornaiolo, entre otros, la ciudad de Quito ha funcionado como una barrica, recopilando información, asimilándola y procesándola, pero no creándola desde el inicio. Hemos sido una especie de grandes cultivadores que han trabajado la tierra, mantenido la siembra, pero casi siempre con semillas ajenas.

La adaptación de estilos y formas de pensamiento foráneas incluyeron también una dicotomía conceptual, entre la urgencia de modernización y la falta de estudios nutridos de carga propia, una carrera muy común en Latinoamérica. Para Quito este fenómeno a partir de 1900 y fruto del primer gran crecimiento de la ciudad, mostró que el desarrollo urbano estaba por delante de la normativa que lo regía, una diferencia que no se ha corregido hasta la actualidad. Adicionalmente, ayudó al inicio de la profesionalización de la arquitectura.

> "Como parte del proceso de transformación de la ciudad la arquitectura se fue organizando como rama profesional. La arquitectura comenzó a impartirse en la Escuela Politécnica, fundada por García Moreno con apoyo de los jesuitas, pero no como campo independiente sino como parte de la enseñanza de ingeniería. Los modelos que sirvieron de base a la construcción del Observatorio Astronómico en la Alameda, la Escuela de Artes y Oficios, el Panóptico, y la casa del propio García Moreno, en la plaza de Santo Domingo, fueron traídos de Europa..." (Kingman Garcés 2008, 257)

---

[27] Período artístico entre los s. XVI al XIX de gran calidad y prestigio, que se reconoce como quiteña, aunque abarcaba el territorio colonial de la Real Audiencia de Quito. La virgen de la luz de Caspicara, replicada a gran escala en la Virgen del Panecillo es un elemento de identificación de la ciudad y protagonista de una teoría de división entre el sur y el norte de la ciudad. "Hasta la virgen le da la espalda al sur"

Este fue el punto de partida para el desarrollo de la especialización y ampliación del campo de acción de los profesionales. Esta situación también es ambigua en el desarrollo del perfil académico. Parecería que toda la arquitectura ecuatoriana es amateur, y a pesar de que desde el boom petrolero de la década de 1970 que disparó el número de arquitectos especializados en el medio local, y en la actualidad se cuenta con ocho facultades de arquitectura en Quito, produciendo graduados progresivamente, esta situación clásica del quehacer arquitectónico hace difícil reconocer una frontera clara entre la producción profesional y la autodidacta. No en proyectos emblemáticos, pero sí en el paisaje de la ciudad.

EL SISTEMA DE CONQUISTA Y DISPERSIÓN

Existe una condición de gobierno del territorio que ahora ocupa Quito desde tiempos antiguos, los períodos agroalfarero, desarrollo regional, señoríos étnicos, la época colonial, o el período republicano, siempre encontraron esta zona de interés ya sea por sus recursos o por razones geopolíticas. Esta circunstancia obligó a los pobladores a determinar un sistema de control de una superficie amplia con una población reducida, produciendo una distribución con recintos de concentración de población relativamente dispersos, pero comunicados entre estos puestos.

Así, cuando un punto necesitaba ayuda por una amenaza u otra circunstancia, sus vecinos acudían en su ayuda, y, una vez solventado el problema, regresaban a su sitio, sabiendo que en un futuro podrían ser ellos quienes necesiten ayuda o tengan que volver a auxiliar a un semejante, permitiendo un control del territorio a través de la conquista y la dispersión.

Tal vez, el mecanismo que más ha permanecido de este comportamiento sean las mingas, con las que se actúan formas de colaboración social, hasta la actualidad. La relación con las poblaciones cercanas, familias o vecinos, empapan cualquier proceso colaborativo, y así, han dictaminado el desarrollo de Quito desde siglos atrás, desde la escala doméstica hasta la urbana.

Se ha implantado en un territorio disperso dentro de un sistema interconectado de nodos, produciendo varios centros, varias periferias y espacios difusos. Este fenómeno ha derivado en la creación de redes territoriales espontáneas pero consistentes.

La condición estructural del área andina, su difícil topografía y la conexión por afinidad cultural, comercial o política entre vecinos, hacían que las relaciones entre poblados sean fuertes a pesar de la distancia, entendiendo esta asociación como un sistema de redes que involucraban el lenguaje, la protección comunitaria y una especie de simbiosis para mantener la naturaleza de la malla territorial. Dentro de este contexto los procesos de conquista por fuerza o seducción necesitaban la magnitud suficiente para sobrepasar la barrera de la red. Así mismo, una vez conseguida esta inmersión, la transmisión por contagio entre los puntos de la malla era extremadamente eficiente y robusta.

Esta circunstancia prevalece de manera subliminal a lo largo del tiempo, y así en los mediados de 1940, desarrollo del modernismo en las ciudades latinoamericanas, con una especie de tamiz homogéneo en duración y relaciones con Europa y Estados Unidos; pero con resultados diversos por los particulares usos de tecnología, recursos y la osadía progresista con la que cada ciudad se desenvolvía.

La determinación de elementos contextuales, posibilitaron la sincronía histórica, tecnológica y estilística de las actuaciones. La red fue el soporte que permitió comparar la experiencia quiteña con sus paralelos de otros sitios, asociaciones, influencias y semejanzas.

La distribución espacial de Quito, su configuración urbana y las construcciones son mestizas, porque la cuadrícula, la forma de construir y la asimilación de los edificios tienen elementos indígenas, sobre todo incaicos, y elementos mediterráneos. En Quito prevalece la fortaleza de la trama fundacional y los elementos geográficos, en los que estos ensayos se adaptaron y generaron escenarios particulares. Este fenómeno dio fruto a la dialéctica histórica y su consolidación por apropiación social.

Lorenzo Durini, (Tremona, 1855), se constituyó en un personaje ejemplo de este fervor por la transmisión de conocimiento y tecnología. Los Durini traían pompa, esplendor e infraestructura a la ciudad. ¡Cómo no iban a ser venerados! Su éxito permitió el asentamiento de otros europeos que encontraron en Quito una ciudad que homenajeaba sus conocimientos pero que desafiaba su ingenio para conseguir la implantación de sus visiones en un contexto que, aunque ejerció de buen anfitrión, ha tenido siempre una complicada topografía y un presupuesto ajustado.

Habitualmente los profesionales que llegaban al Ecuador entre finales del s. XIX e inicios del s. XX como los hermanos Durini (1896), Giacomo Radiocini, Antonino Russo (1912) o Augusto Ridder (1912), recibían encargos estatales o institucionales, que removían en gran manera la sociedad de la época. Sus intervenciones eran retratadas por la prensa nacional como una aventura heroica e inclusive profética de su transmisión del talento artístico europeo, una nueva oleada de "dioses blancos" que promulgaron sus conocimientos a través de los instrumentos locales más eficaces, la Escuela de Artes y Oficios, el diario "El Comercio" o las autoridades e intelectuales. Ellos se convirtieron en formadores de los artesanos y constructores, y se sirvieron de estas enseñanzas para reclutar, especializar y aprender de un grupo de quiteños, con los que lograron una amplia producción, que les permitió mejorar en estatus y patrimonio.

Este fenómeno de llegada de conocimiento europeo sin afán colonizador, se acomodó al sistema de conquista y dispersión, es decir facilitó la distribución de este conocimiento como un recurso de mejora de un territorio basto, a través de actuaciones puntuales potentes.

LA SITUACIÓN

Situarse es relacionarse con su circunstancia. En la decodificación que busca esta investigación, la situación es análoga al contexto, entendido como todo lo que rodea a una cosa en un tiempo y un espacio determinado. En esta relación especular entre arquitectura y contexto, este capítulo busca encontrar los métodos de respuesta entre edificación y su medio, y así ubicar los recursos híbridos.

En los procesos de arquitectura, la correcta lectura de la situación permite hacer ajustes. Desde mi análisis, estos ajustes ocurren en dos niveles: externos, que se refieren a materiales, procesos constructivos, tamaños, medidas, texturas, ritmos, etc. es decir, todo lo perceptible a través de los sentidos; e internos, los que describen criterios de diagnóstico, métodos de proyecto, estrategias de diseño, y sobretodo el enfoque con el que se resuelve el proceso que va desde la detección de la necesidad a la creación de la pieza arquitectónica diseñada para resolverla, en definitiva, todo lo referido a los procesos mentales. Estos ajustes, tanto internos como externos no son exclusivos, permiten mutaciones, relaciones y cierta ductilidad para facilitar su adaptación.

Para encontrar los factores de contexto, he realizado una revisión sistemática de proyectos, personajes y procesos de arquitectura en Quito, obtenidos de compendios, catálogos, fichas y artículos, consiguiendo un archivo consolidado de 436 obras[1], con datos de fecha, autor, tipología, origen del autor y ubicación. Con esta muestra amplia, busco explicar cómo se potenció el proceso de conformación de un lenguaje arquitectónico propio del Movimiento Moderno en Quito, a partir de la hibridación de lo venido del extranjero por múltiples vías y los factores locales, diversos e insinuados más que determinados.

Por el seguimiento cronológico de las visitas europeas al Ecuador, se puede decir que Quito fue poco a poco profundizando al oriente de Europa. A través de los años, inició con la influencia mediterránea, continuó con los científicos franco-alemanes y se modernizó con los europeos orientales. Los quiteños valoramos el ahorro, la eficiencia de recursos y la practicidad, y, los huidos de la guerra sabían de este proceder, llegados al mismo por una causa bélica, por obligación y no por una noción del mundo, por opción, como la de Quito.

En 1534 se conoce la primera interacción de Europa con Quito, la fundación española de la ciudad bajo la responsabilidad de Benalcázar, bautizando la ciudad con el nombre de "San Francisco de Quito"

---

[1] El compendio es extraído de las guías de arquitectura de Trama, de la Junta de Andalucía, los libros "Miradas", Revistas del Colegio de Arquitectos, "Serie Quito", levantamiento de fichas de mis alumnos, y en general cualquier información válida que tuve delante.

Mapa de influencias europeas en Quito 1. Néstor Llorca, 2013

Plaza de San Francisco, en Quito (luego del terremoto de 1868). Dibujo de Clerget y Ferdinandus. TM, 1883, XLV, p.383.

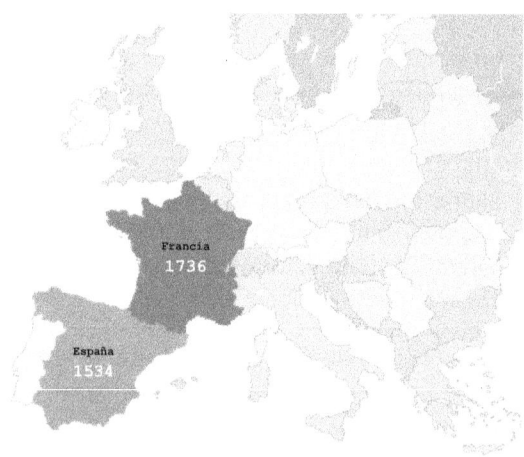

Mapa de influencias europeas en Quito 2.
Néstor Llorca, 2013

Grabado sobre "Observaciones Astronómicas y Phisicas hechas de orden de S. Mag. en los Reynos del Perú por D. Jorge Juan."

En 1736, la visita de la misión geodésica, a cargo de franceses y bajo la observación española, buscaba medir la distancia equivalente a un grado de longitud en la línea ecuatorial.

Charles Marie de la Condamine, a la cabeza de la expedición, es un personaje recordado en el país hasta la actualidad como un puente entre la ciencia en Europa y Ecuador.

De esta misión nació el nombre del país; la transición de la palabra "ecuador" de la línea imaginaria que divide el planeta a "Ecuador" como nación, no solo hay un cambio en la connotación del concepto y valor singular del nombre propio, sino un valor abstracto de cosmovisión relacionada al hecho de estar "en la mitad del mundo".

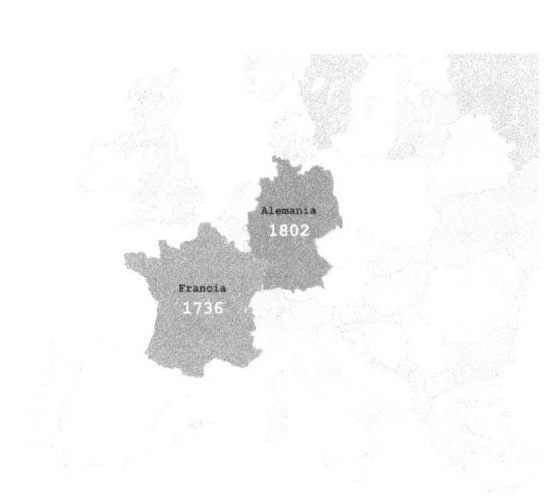

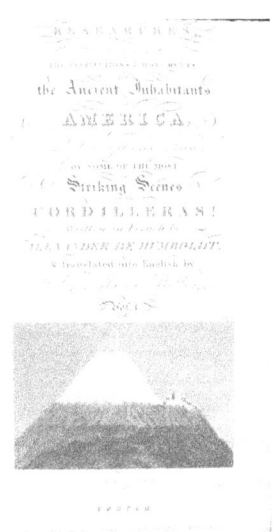

Mapa de influencias europeas en Quito 3. Néstor Llorca, 2013

Portada del libro *Research Concerning the Institutions and Monuments of America, with Descriptions and Views of some of the Most Striking Scenes in the Cordilleras! Written in French by Alexander de Humboldt, and Translated into English by Helen Maria Williams.* Cambridge, 1814.

En 1802 llega la expedición alemana de F.A. von Humboldt al Ecuador, quien no solo trae curiosidad científica, sino también noticias de Europa y sobre todo de la situación española. Esta información ayuda a potenciar el espíritu independentista. En Ecuador el primer grito de independencia se data el 10 de agosto de 1809 y la batalla final del proceso de emancipación, el 24 de mayo de 1822. De alguna manera el país se liberó, pero también provocó cierta orfandad cultural. Al no recibir guía desde España, miró hacia otros países europeos, buscando cultura, referencias y tendencias.

En los inicios de la época republicana ecuatoriana, esta búsqueda de lazos culturales con Europa tuvo un punto alto con la llegada de italianos. Los más relevantes, Lorenzo y Francisco Durini, llegaron al país trayendo una fuerte influencia mediterránea y avances tecnológicos, que, por lenguaje, actuación climática y estética, tuvieron una gran acogida en Quito. "En Ecuador, pese a que la migración de italianos ha sido más bien reducida, las huellas italianas son fuertes" (Ayala Mora 2015)

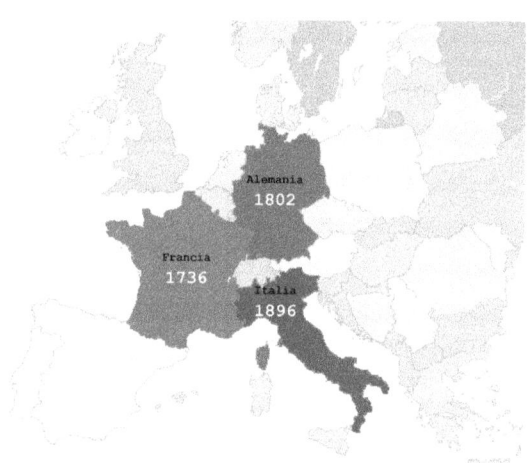

Mapa de influencias europeas en Quito 4. Néstor Llorca, 2013

Monumento a los Héroes de la Independencia, 1906.
Foto: José Domingo Laso.

La década de 1860 tiene la peculiaridad de ser uno de los primeros momentos en los que llegaba la visita de un europeo de forma premeditada y no circunstancial, por solicitud de gobernantes ecuatorianos, que buscaban profesionales europeos. Una época en la que el neoclásico era la línea estética que apoyaba la ideología de las repúblicas nóveles como mecanismos (bastante paradójicos) de su independencia española. El Ecuador no fue la excepción de este recurso y en esa época llegaron Thomas Reed (Saint Croix, Dinamarca) y Francisco Schmidt (Alemania). No solo traían un lenguaje europeo, sino también las tipologías innovadoras de actuación gubernamental para control o generación de ciencia. Colocaron en Quito, entonces: el Panóptico (replicando del modelo de La Santé en París), la Escuela de Artes y Oficios y el Observatorio Astronómico.

Mapa de influencias europeas en Quito 5. Néstor Llorca, 2013.

Vista general de la Penitenciaría Nacional (circa 1870).

El presidente Gabriel García Moreno (1821-1875), utilizó como puntal de su gobierno, la política de control y saneamiento moral de la sociedad, fue así como la construcción y desarrollo del edificio del Penal García Moreno se convirtió en un soporte para su dominio.

"Lanzar al Ecuador con mano vigorosa por la senda de la prosperidad restableciendo el imperio de la moral por medio de la represión enérgica y eficaz del crimen y por la educación sólidamente religiosa de las nuevas generaciones".[2] (Ayala Mora, *Gabriel García Moreno y la gestación del Estado Nacional en Ecuador*, 1981)

Observatorio Astronómico. Quito a la Vista. 1911 Fototipia Laso

Gabriel García Moreno (izq), Thomas Reed (centr) y Franz Schmidt (der); los personajes tras la Penitenciaría Nacional.

[2] El ex presidente de la República, Gabriel García Moreno, en una respuesta a la Convención que lo eligió presidente, el 2 de abril de 1861

En el caso de nuestro país, la obra de Thomas Reed estuvo estrechamente ligada con el Presidente García Moreno, quien lo nombró arquitecto del Estado y, como tal, realizó importantes obras de carácter público, entre otras, el Panóptico de Quito.

Los períodos de guerra, en especial de la segunda guerra mundial, trajeron de manera rápida, improvisada e intensa una gran cantidad de personajes de los países de Europa oriental. Fue el éxodo hacia territorios desconocidos para los viajeros alrededor del mundo. Este hecho es uno de los puntos de discontinuidad histórica más potentes a nivel mundial del siglo XX, en la que se crearon múltiples hibridaciones, por la cantidad de viajeros y la disposición por la recepción y transmisión de conocimiento, que trajeron consigo el Movimiento Moderno. En Quito son relevantes Karl Khon, Max Ehrensberger, Otto Glass, entre otros.

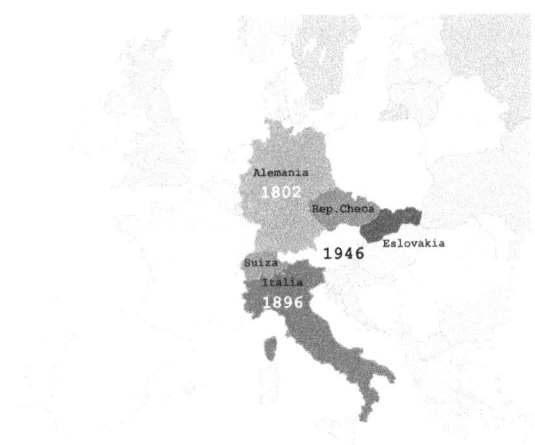

Mapa de influencias europeas en Quito 6. Néstor Llorca, 2013.

Edificio Calero, 9 de noviembre de 1945. Diario El Telégrafo. Cortesía de Shayarina Monard

ANIDACIÓN Y ECLOSIÓN DEL MOVIMIENTO MODERNO EN QUITO

Entender la relación entre anidación y eclosión me resulta una analogía lógica para el nacimiento de un movimiento cultural. La anidación como la elección de un entorno favorable para el origen de algo, permitiendo la mejora "genética" y las posibilidades de supervivencia, y, la eclosión como punto máximo, fruto del final de la gestación.

La ciudad, en su afán de modernizarse, se acostumbró a recibir lo llegado de afuera como mensaje de avance; ésta era una condición latinoamericana y no exclusiva de la ciudad. En principio, las ciudades fundacionales tenían la costumbre de adaptar los movimientos culturales, procesos constructivos y tipologías de los colonizadores españoles. Con los procesos independistas, paralelamente con la libertad de gobierno, llegó cierta orfandad de referencias. Así, en la búsqueda de nuevos patrocinios estilísticos, nos llegaron nuevas tipologías, como los pasajes comerciales, nuevas estructuras de transporte y nuevas referencias de actos culturales, relacionados al teatro, cine, música o arte.

La facilidad de recuperar elementos de otros mundos laborales, de armonizar la arquitectura con el oficio manual, permitió el comportamiento quiteño, ecuatoriano y andino de pactar con lo extranjero con una aptitud singular, porque la concepción de los quiteños, aunque extremadamente arraigada a la identificación local, es espontáneamente internacionalista, factor que, ha provocado durante los tres últimos siglos la búsqueda de nuestros instrumentos culturales en las cunas europeas, adiestrándonos así a manejar los elementos extranjeros como si fueran propios, obteniendo una rutina de ajuste y proliferación de lo adoptado desde afuera con manejo local.

Ésta es una manifestación común en países que han experimentado en estos procesos y se han madurado con el tiempo, inclusive han evolucionado en su concepción, por ejemplo ahora Kenneth Frampton habla del regionalismo recíproco en lugar del regionalismo crítico.

En Quito, en muchas ocasiones, esta recopilación y reproducción de referentes tenían procesos empíricos. La diferencia de conocimientos y contextos entre los nuevos arquitectos, no permitían muchas formas

"Pasaje Royal de Quito, en la 2da. década del s. XX". Autor: R. Pazmiño Editores. Colección Dr. Miguel Díaz Cueva, 1914 - 1925.

"Vista de la entrada principal de la Catedral Metropolitana de Quito, cuando todavía circulaban vehículos en la calle Eugenio Espejo, frente a la Plaza Grande, alrededor de 1940". Autor: Instituto Geográfico de Agostini-Novara.

de comunicación, y así, solo encontraban como denominador común la misma arquitectura, su forma de aprender y generar un nuevo catálogo mientras este se construía. Como ejemplo (no ecuatoriano, sino de esta circunstancia) me sirve el caso relatado por Isamu Noguchi[3] cuando habla de su experiencia con Brancusi[4]:

> "Él no hablaba Inglés, y yo no hablaba francés. La comunicación era a través de los ojos, a través del gesto y por medio de los materiales y las herramientas a utilizar. Brancusi me

---

[3] 1904-1988, Escultor y diseñador estadounidense - japonés, con una obra abstracta sobre todo en espacios al aire libre.
[4] Constantin Brancusi, 1876-1957, Escultor rumano que desarrolló su carrera en Francia, considerado pionero del modernismo, también abstracto, geométrico, buscó inspiración en la prehistoria y el arte africano.

mostraba, por ejemplo, con precisión cómo debía sujetarse el cincel y cómo hacer un plano en la piedra caliza. Me lo mostraba haciéndolo el mismo, indicándome que yo lo hiciera igual" (Jackman 2004, 32)

Capitán Voyer, programa de inauguración del Teatro Sucre. Quito, noviembre de 1886. Tomado de El Canto del Ruiseñor José María Trueba. Artífice del canto lírico en Quito, sigloXX. Alfonso Campos Romero, p. 46

En Quito, esta relación "Brancusi-Noguchi" fue entre los arquitectos extranjeros y los albañiles; el "estudio artístico" era la obra misma, un mecanismo lógico ligado a la "condición" quiteña de la respuesta inmediata. A falta de una Facultad de Arquitectura, la misma construcción era una buena escuela, y facilitaba la transmisión del conocimiento. Así como para los escultores, para los extranjeros y los trabajadores bastaba un gesto o una mímica para explicar materiales y procesos. Esta actividad enriqueció los procesos de ambos actores.

Un factor trascendental para encontrar lo particular en la arquitectura quiteña del Movimiento Moderno es la habilidad de traducir lo venido de afuera. La flexibilización de los conceptos migrantes para acoplarse a la ciudad fueron espontáneos, sencillos e inusuales para quienes traían los estilos y manifiestos.

Desde el desfase entre la profesionalización, ocurrió un fenómeno de formación académica diferida, es decir, la creación desde la universidad de un discurso local que refleje una forma de arquitectura. A la realidad de una ciudad construida entre informales y extranjeros, se produjo un giro de tuerca que improvisó un perfil de arquitecto con un amplio y nuevo lenguaje, sincronizado con la llegada del Movimiento Moderno, lo que permitió un gran número de proyectos y construcciones de varios tamaños y propósitos.

CONTEXTO, TRAYECTO Y RESPUESTA A LO INÉDITO

Las numerosas adaptaciones del Movimiento Moderno en las sociedades emergentes fueron distintas e irregulares. En muchos de los casos, estas diferencias se marcaron por los condicionantes ambientales de los territorios, a veces geográficos, económicos, tecnológicos o culturales, que suprimieron aleatoriamente recursos y mecanismos en los que la arquitectura del Movimiento Moderno se basó, creando una especie de árbol genealógico de corrientes conceptuales descendientes de este.

Centro Administrativo, 1940. Autor: Karl Kohn.
Fuente: (Monard, Karl Kohn: arquitecto, diseñador, artista 2010)

En la ciudad de Quito, el contexto con el que se han encontrado paulatinamente la llegada de lo extranjero ha sido siempre muy potente, geográficamente insólito, socialmente permeable y tecnológicamente sencillo.

Este camino austero del desarrollo arquitectónico quiteño creó un discurso peyorativo de la arquitectura no colonial. Se entendió durante mucho tiempo la relación de belleza con el neoclásico, y de mantenimiento de la corriente estética del "Casco Colonial" como la bandera de la arquitectura quiteña. Cuando las propuestas nuevas no coincidían con esta perspectiva, o más aún proponían modificar los espacios y edificios respetables e históricos, se entendían como una ofensa y una falta de respeto, dando lugar a deméritos, reclamaciones y disputas. Jorge Salvador Lara, historiador de Quito explica este fenómeno de la siguiente manera:

> "La arquitectura de Quito ha tenido una trayectoria desigual y discontinua, es quizá la rama del arte de más discutible desarrollo en la capital, sujeta a múltiples tendencias y modelos, generalmente foráneos. Pocos han sido los intentos por desarrollar la arquitectura propia de la ciudad". (Salvador Lara 2009)

Más allá de la lejanía con sus países de origen, del desfase en la recepción de las nuevas tendencias o de la expansión urbanística, la ciudad de Quito obligaba a los arquitectos recién llegados a entender una situación geográfica compleja, una topografía inclinada, un asoleamiento al que no estaban acostumbrados, las características climáticas de dos estaciones poco polarizadas y una respuesta poco crítica a sus intervenciones.

Lo llegado de Europa desde finales del siglo XIX fue recibido con brazos abiertos en Quito, un comportamiento adquirido en la sociedad como un rebote del período colonial. Los edificios heredados de esta época prevalecen en la ciudad por su tamaño, complejidad y papel dentro de la historia. Las iglesias de varios siglos de antigüedad conforman los elementos más fuertes del orgullo por el Centro Histórico, las plazas fruto de la trama fundacional fueron elementos moduladores del espacio urbano y los edificios dentro de la ciudad que se mantuvo contenida hasta inicios de 1906, en donde Quito se disgregó de manera radical.

El trayecto que condujo los procesos arquitectónicos en Quito, fue tal vez lo más voluble del proceso. Estas transformaciones surgieron por la necesidad de transformar conceptos, metodologías y formas de hacer de los llegados de afuera para adaptarse al medio quiteño, generando experimentos de adaptación de manera empírica y muchas veces cuestionables. No obstante, el tiempo de estancia permitió una simultaneidad y empatía entre propuestas y resultados.

El caso de Karl Kohn es un ejemplo que ilustra este proceso con claridad. A su llegada en la década de 1940 sus propuestas eran un reflejo de su práctica en Praga, en la que tenían muestras arquitectónicas de su independencia del imperio austrohúngaro, con ejes largos que conformaban centros gubernamentales de la Primera República (1918-1938), y ciertos proyectos truncados por la ocupación alemana. Cuando Kohn llega a Quito presenta su proyecto para el Centro Administrativo (1940), tratando de replicar esta espacialidad "imperial". La morfología de la trama urbana y la topografía de la ciudad fueron las causas más relevantes por las que el proyecto no fue correcto y fracasó. Años más tarde, Kohn fue entendiendo el medio quiteño y creó en la ciudad obras lógicas, armónicas y estéticas, sobre todo las viviendas unifamiliares.

Transporte en los Andes de América del Sur Ecuatorial: 1. Puente de cuerdas. Segundo cruce. 3ª cruce de personas. Después: "Historia General de viajes", Leipzig 1751, 1902

Las respuestas llegaron entonces por aprendizaje. Una vez entendido el tapiz sobre el que asentaban sus obras, los forasteros asimilaron el cambio tecnológico; mientras la ciudad aprendía el uso del hormigón, ellos se volvían artesanos. Se volvieron extremadamente hábiles en transmitir sus reglas comunes aprendidas en la academia a soluciones distintas exigidas por su medio.

En el caso de Otto Glass, el clima, la topografía y la imposibilidad de acceder en los años 40 a materiales costosos de construcción, favoreció la recomposición de sus procesos constructivos, en los que el uso de materias primas locales como el chocoto y el ladrillo permitieron traducir lo aprendido en Praga de una forma quiteña, en especial en viviendas unifamiliares, consiguiendo la aceptación del medio por esta característica moderna con una materialización familiar.

> "Es importante destacar que si existió de modo latente un diálogo y una contribución autóctona. Esto se expresa como un sincretismo mestizo diferente y quizás más rico ornamentalmente, aunque menos desarrollado espacialmente, que los modelos encontrados en la metrópoli" Mangia en: (Del Pino 2004, 68)

Se celebraba la habilidad artesanal como parte del folklore de la ciudad. Fue entonces cuando las reseñas y premios de arquitectura llegaron; periódicos, revistas, premios ornato refrendaban una reminiscencia del legado ancestral, del colonial y del moderno. Este hecho situó a los llegados de la posguerra, como bastiones de cultura y estilo arquitectónico. Lo paradójico era que en estas mismas reseñas los arquitectos elogiaban el carácter primigenio de la ciudad,

> "Como denominador común de este recuento subyace la admiración por lo europeo; y luego por lo norteamericano, que en los últimos 20 años (es decir entre 1930 y 1950) se implantó con ejemplos como el Banco de Préstamos; sin embargo, la documentación escrita, en particular la prensa, revela como contrapunto la admiración de los profesionales extranjeros por la arquitectura, en arte colonial y la habilidad y capacidad

de trabajo de los artesanos locales, la admiración por el paisaje, el clima u la bondad de la naturaleza de Quito" (Del Pino 2004, 71)

Para conseguir esta manifestación coherente con Quito, los arquitectos cambiaron sus herramientas de diseño, las mismas que se volvieron más manuales y constructivas que gráficas o de bagaje. Para entender la topografía de la ciudad no basta un corte sino una visita al lugar. Para apreciar el efecto solar de la sombra vertical, la necesidad de la luz tamizada había que observar el desarrollo de un día. Para entender la ambigüedad de la caracterización del espacio público o privado, fruto del comportamiento social, había que entender a los quiteños.

Este procedimiento de asimilación y traducción es una práctica habitual, producido desde el ahorro, el poco manejo del lenguaje original, elementos, tecnología o recursos. Como con una receta, si falta un ingrediente, un utensilio o un aparato, se sustituye por otro, con el carácter experimental que esto involucra. Así se explica la manera de asimilar los manifiestos arquitectónicos en Quito y cómo estos fueron replicados con mayor o menor éxito y con cierto grado de profanación.

> "La formación era la de l'Ecole de Beux Arts, salvo el 'pleito estrella' que lo llamaron ellos, en la última época cuando entran con el eclecticismo y demás, esa fue la formación. Bien, ¿cuándo comienza una reacción frente a esto? Comienza de la misma manera que comienza en Europa, es decir, comienza con el Art Nouveau. Pero el Art Nouveau era simplemente seguir copiando lo que se hacía allá. No tenía ningún sentido, no había debate interno, no había enfrentamiento, confrontación. El conflicto real vino con el racionalismo.
>
> En 1930 un estudiante de arquitectura, decía que en la Facultad de Arquitectura se hacía arquitectura por tres motivos: uno por convicción, porque el estudiante estaba convencido de que esa era la arquitectura que debía hacer. Otro, por comodidad, porque quien estaba convencido era el profesor. Y tercero, también por comodidad, porque tenía que dibujar mucho menos que antes.

Que se hablara de estilo moderno no era la confrontación con aquello otro, era un estilo más. Lo habitual era que los estudios de arquitectura tenían un señor que les dibujaba lo francés o lo ecléctico, lo neocolonial, lo moderno; es decir, tres dibujantes que cada uno lo hacía de acuerdo a la cara del cliente.

La hibridez está dada, en definitiva, en un seguimiento de lo que sucedía en Europa y en el acomodamiento, no tanto por heredar el debate. El debate empieza cuando entra lo neocolonial o el neoindigenismo; en Europa no existía este tema. Por supuesto, era anacrónico, seguían siendo historicistas, manteniendo su adscripción a siglos clásicos, a determinados momentos históricos. Éstos seguían siendo lo mismo a determinado periodo histórico, a lo colonial o la prehispánico, pero en el repertorio de las formas, era el repertorio propio de América." Ramón Gutiérrez[5], entrevista por Néstor Llorca, noviembre de 2018.

---

[5] Ramón Gutiérrez: 9 de noviembre de 1939 en Buenos Aires. Arquitecto. Profesor en universidades de Argentina, Uruguay, Chile, Paraguay, Ecuador, Bolivia, Perú, Venezuela, Colombia, Brasil, México, Estados Unidos, España, Italia. Miembro de número de la Academia Nacional de la Historia de Argentina. Codunfafor de CEDODAL (Centro de docucumentación de Arquitectura Latinoamericana) y del SAL (Seminario de Arquitectura Latinoamericana) que tuvo su edición XVII en Quito.

LOS PERSONAJES DE LA ARQUITECTURA QUITEÑA DE MEDIADOS DEL S.XX

Collage "La llegada de los dioses blancos v2" NL 2014. El Pato Donald en Salvador de Bahía y Le Corbusier en Buenos Aires, collage N.L. 2014, la historia nos ha mostrado una gran variedad de visitas de nuevos "dioses blancos" en América, que ostentando sus habilidades, embelesan al público y potencian la hibridación. Los tres Caballeros, USA 1944, Alias: Drei Caballeros, Regie: Norman Ferguson, Darsteller: Donald Duck & Le Corbusier en Mar del Plata, 1948

Una de las características del tránsito tecnológico entre la Europa de posguerra y los métodos quiteños, fue la profesionalización de la arquitectura en la ciudad desde protagonismos fuera de la academia, sobre todo los albañiles, quienes traspapelaron los roles de las personas que participaban de la construcción de edificios, viviendas y espacio público.

En general, la reacción ante una tierna camada de recién graduados de una naciente escuela de Arquitectura de la Universidad Central, los profesionales inmigrantes que daban sus primeras pisadas sobre el complejo terreno y los trabajadores de la construcción (albañiles, carpinteros, peones, guachimanes) hicieron que, estos últimos fueran los soportes de esta transición estructural de la forma de hacer arquitectura en Quito. Eran los que culminaban el proceso de mezcla de tendencias, procesos y sobre todo de los vacíos de procedimientos o documentación.

Desde esta aceptación, la herencia europea se reflejaba en la arquitectura institucional, los edificios como el Banco del Pichincha (1909, Francisco Durini) o la Casa Gangotena (1914, Paolo y Antonino Russo), fruto de la tendencia neocolonial de inicios del siglo XX, tienen un lenguaje claramente familiar a la estética mediterránea, el diálogo con el sol, ritmos, proporciones de vanos y los sistemas constructivos, son, los aprendidos en Italia y armonizaban con la ciudad fundacional de carácter español. La forma de concebir la ciudad ya concreta en el centro contagiaba los encargos de la época. Esta tendencia perduró por la idiosincrasia jerárquica quiteña hasta más allá de la década de 1950, es llamativo ver como el embajador de España en Ecuador en su libro "Elogio de Quito" de 1950, sigue llamando a América la España de ultramar[6].

Existen personajes, obras y asociaciones culturales, económicas y técnicas. Todos estos actuaban de manera paralela entre los primeros profesionales, locales, extranjeros, emergentes y no especializados, en el que se permitieron fronteras difusas de actuación entre estos. Este crecimiento de la población dedicada a la arquitectura en la ciudad, sobre todo a partir de 1940, aumentó la cantidad de producción y el aprendizaje tecnológico, un modelo creativo basado en el intercambio de conocimientos y la asimilación del ambiente.

La Segunda Guerra Mundial generó un panorama de migraciones europeas diferentes a las conocidas con anterioridad en América: artistas, pensadores, escritores y arquitectos se disgregaron por todo el continente. La llegada masiva, contrastante y portentosa, impresionó a los latinoamericanos, generando un efecto de "llegada de dioses blancos" análoga (por su contraste con el medio) a la conquista española.

Su condición de exiliados, necesitados, pero intelectuales entregó a esta generación una visión más permeable de la forma de llevar sus conocimientos culturales, técnicos y estéticos a otros territorios. Tal vez una forma más lúcida de congeniar con el medio. Desde Estados Unidos, en donde los venerados llegaron,

---

[6] "Sin dejar de rezar como Dios manda, nuestros abuelos manejaban tan lindamente la espada como los instrumentos de la artesanía. Y en eso de colocar piedras una sobre otras, con arte, proporción y solidez, parece como si hace siglo todos los españoles tuvieran oficio de albañiles" (La Orden Miracle 1975, 63)

"Gropius fue nombrado director de la Escuela de Arquitectura de Harvard y Breuer se reunió allí con él. Moholy Nagy abrió el nuevo Bauhaus, que acabó siendo la Escuela de Diseño de Chicago. Albers abrió un Bauhaus rural en las montañas de Carolina del Norte, en el Black Mountain College. Mies se instaló en el Armour Institute de Chicago como jefe del departamento de arquitectura. (Wolfe 2010 (1981), 168)

Latinoamérica recibió, en especial México y Argentina, un gran número de profesionales que buscaban recuperar un modo de vida abandonado a la fuerza.

A Quito llegan unos pocos; no era la ciudad más accesible, rica o extensa de las capitales sudamericanas. Karl Khon llegó a la ciudad por aspectos circunstanciales y no por una decisión planificada. Desembarcó en Guayaquil por ser un lugar de control para poder establecerse en Buenos Aires. Ecuador en 1939 no dejaba de ser pedestre a ojos de un checo[7], pero representaba una gran oportunidad al serle ofrecida por parte del director de la Escuela de Bellas Artes de Quito, Pedro León, una cátedra.

Progresivamente y en conjunto con la docencia, trabajó en la Escuela de Ingenieros del Ejército, consultor técnico del Ministerio de Educación y varios encargos de viviendas. (Monard, Arquitectura Moderna de Quito en el contexto de la XI Conferencia Interamericana, 1954–1960. 2015) . Con experiencias parecidas aunque no tan prolíficas, llegaron Otto Glass en 1940 (checoslovaco), Giovani Rotta en 1947 (italiano) y Max Ehrenseberger en los años 1950 (suizo).

---

[7] En el desembarco en Salinas en julio de 1939, Vera Schiller de Kohn relata: "...nosotros llegamos fuera de Salinas, en alta mar. El barco no tenía puerto. Entonces nos desembarcaron en botes. Y, había una niña que era enferma, era muy difícil hacerla bajar por esa grada de soga, De Salinas a Guayaquil había un autocarril que andaba sobre rieles estaban sobre la arena, no tenían una infraestructura, entonces de balanceaba de un lado a otro. Mi cuñado estaba alado del chofer y le daba cigarrillos para que vaya lentamente, pero el chofer conocía sus rieles. ... Cada vez que se descarrilaba el autocarril, venían unos montubios y hacían ¡uelup!¡uelup! y ponían nuevamente el auto carril sobre los rieles. Era realmente sorprendente."

Giovanni Rotta y sus alumnos. El convento de Guápulo de fondo. 1955.
Fuente: Revista Trama, 1980.

De la llegada de los europeos y la especialización de los pioneros quiteños, existe una comparación insólita: la coincidencia de propuestas audaces y modernas nacidas en los entornos europeos, por su búsqueda de innovación e imagen, usando su fácil acceso a recursos como herramienta creativa y los entornos subalternos en los que se encuentra Quito, con la urgencia de mejorar su anticuado entorno, de manera drástica, una especie de apuesta provocada por la limitación de tener una sola oportunidad, relacionada a la definición de la "noción de escasez", que menciono al inicio de la investigación, alcanzando ambos procesos, resultados compatibles en el mismo entorno: el territorio quiteño.

> "La arquitectura, a la par del desarrollo de sus intrínsecos y poderosos recursos es enriquecida con la presencia de expresiones artísticas más libres, la gran flexibilidad y amplitud, tendiendo ahora hacia una mayor sencillez, y hacia el reflejo de la personalidad de la postguerra: una inquietud por satisfacer hondas necesidades espirituales" (Fabara, en (Del Pino 2004, 38)

Un reflejo de la condición de respuesta instintiva, fue la falta de leyes sobre el fenómeno de migración europea. Como explica Ovidio Wapestein sobre su llegada de niño "mientras todos los países reglamentaron el ingreso de judíos, el Ecuador nunca lo hizo". (Hermida y Guerra, Miradas a la Arquitectura Moderna en el Ecuador 2010, Tomo II)

Una herencia psicológica que nos quedó en Quito después de los procesos coloniales, es la sorpresa de la llegada de los "dioses blancos", procesos que eran recurrentes en las dinámicas de la ciudad[8], conscien-

---

[8] La historiadora especializada en arquitectura quiteña es la arquitecta Inés del Pino. De sus textos tomo la descripción de los llegados a Quito con anterioridad de la época estudiada:
"Franceses, italianos, alemanes dejaron su huella en la arquitectura quiteña del siglo XIX. Si analizamos las diferentes "oleadas" de arquitectos e ingenieros inmigrantes notaremos que entre 1830 y 1876, llegan varios con García Moreno, entre ellos P. Menten, J. Kolberg, Dressel (alemanes) y Thomas Reed y Jacobo Elbert (ingleses); aparece también el nombre de N. Vandeville (según J.G. Pérez), cónsul de Bélgica, o Juan Bautista de Mendeville (según Luciano Andrade Marín y Carlos Maldonado) que fue cónsul de Francia en Quito. Parece que se trata de la misma persona.
En un segundo período (1876-1895) también tenemos nombres de profesionales ecuatorianos como Gualberto Pérez, E. Anda Vásconez, A. Velasco. Lino M. Flor y Juan Pablo Sanz, que comenzaron su actividad profesional a la par con los extranjeros residentes,... Entre 1896 y 1911 llegaron varios italianos; Lorenzo Durini y su hijo Francisco, Giacomo Radiocini, más tarde Antonino Russo y su hermano Paolo Russo. De 1912 en adelante se incorporaron a la lista R.A. Sánchez, Luis F. Donoso, Raúl M. Pereira, este último portugués, que unidos a sus viejos colegas aportaron a lo que en la época se denominó embellecimiento de la ciudad" (Del Pino, 2002) p125
"Antonino Russo 1889-1967, arquitecto-constructor. Nació en Catania, hizo sus estudios en Milán, Antes de llegar a Quito en 1911, estuvo en Bolivia. Se dedicó a la construcción de alrededor de 30 viviendas y varios edificios públicos como el edificio del Estanco, Edificio de la Cabuya, terminó el pasaje Vaca"
"Lorenzo Durini Vasalli, 1855-1909, Escultor, Nació en Tremona, Estudio en la academia de bellas artes de Génova. Instaló una empresa constructora en Costa Rica. Diseñó y construyó el Teatro Nacional de San José. Fue invitado al Ecuador por el presidente Leonidas Plaza para que levante en Quito el monumento a los héroes del 10 de Agosto."
"Francisco Durini (1880-1970) Nació en Tremona, estudio Instituto Técnico de Milán, acompañó a su padre, llegó a Quito en 1904, se dedicó a la construcción de residencias, edificios públicos, bancos, arquitectura funeraria."
"Padre Pedro Brüning 1886-1938, alemán, lazarista, llega a Ecuador en 1899, realizó obras a lo largo de todo el país, sobre todo obras de tipo religioso."
"Pedro Aulestia, quiteño, estudió en la Universidad Central, luego arquitectura en la academia de Milán y de ingeniería en la escuela de trabajos públicos de París. Obras escolares "
"Luis Felipe Donoso, Quiteño, colegio San Gabriel, estudió arquitectura en Lieja /BEL. Construyó varias residencias y edificios públicos, el más conocido el Banco de crédito agrícola y comercial, actual archivo histórico del banco central." (Del Pino, 2002)

temente los quiteños aceptamos lo extranjero con mayor facilidad que lo local, y el panorama arquitectónico habitualmente ha reflejado esta actitud.

Durante las décadas de 1920, 30 y 40, el papel de los centros de enseñanza de que mezclaban perfiles de ingenieros, artistas y albañiles como la Escuela de Artes y Oficios daban los primeros pasos para la creación de una carrera de arquitectura que se inauguró en el Ecuador en la ciudad de Guayaquil (1929, Universidad de Guayaquil), luego en Quito (1946, Universidad Central del Ecuador) y Cuenca (1958, Universidad de Cuenca).

Esta transformación de la disciplina creó una especie de profesión primitiva de la profesión de arquitectura, fruto del crecimiento laxo pero continuo de la ciudad que generó un grupo de encargos públicos y privados de los cuales solicitaban un grado de mayor sofisticación de procesos y competencias profesionales.

Para satisfacer estos avances, como en antaño nos valimos del conocimiento de los arquitectos extranjeros llegados en décadas anteriores como instructores o canales de información que se sumaron a este proceso empírico de adición de documentación en los estudios preliminares, planos, consideraciones técnicas, pero sobre todo la inclusión de preocupaciones sobre el papel de los edificios y las obras civiles en la ciudad. Estas reflexiones se guardan en distintos libros, anales o actas de reuniones que postulan siempre la relación entre el progreso y la construcción.

En 1940 estaba conformada la Sociedad Ecuatoriana de Arquitectos del Ecuador. Aunque esta tenía solo un arquitecto, Antonino Russo, acudían varios constructores y José Gabriel Navarro, estudioso del arte, defensor de la estética colonial, diplomático y abogado. Estaba visto que hacía falta una Facultad de Arquitectura en Quito y, luego de la visita del decano de la facultad de arquitectura de Montevideo en 1937, se consolidaba esta necesidad.

Posteriormente la llegada del también uruguayo Guillermo Jones Odriozola, quien ayudó a crear en 1946 el pénsum de la carrera, traída del modelo Montevideano y heredero de la Escuela de Bellas Artes de París, con la que se constituyó la Escuela de Arquitectura en 1947, consiguieron la creación de la Facultad de Arquitectura de la Universidad Central en 1959, en donde se adoptaron las posturas racionalistas de la Bauhaus, siempre traducidas de manera criolla, "…con una organización similar a la Bauhaus, privilegiaba el diseño, la experiencia estética, el dominio de las categorías formales comprometidas con la industria." (Benavides Solís, La arquitectura del siglo XX en Quito 1995, 69)

El rol de los primeros quiteños modernos, fue similar al sucedido en casi toda América: consiguieron el reconocimiento de su actividad cuando los extranjeros (radicados en Quito) la avalaron. El auge de los llamados pioneros se convirtió en un frente más de defensa que de ataque. Un laboratorio para la búsqueda de marcas de hibridación en las que se reinterpretaron elementos reconocibles como influencias ideológicas, lenguajes vernáculos, materiales, mecanismos de relación con la topografía y el clima; consiguieron recursos "quiteños" en el lenguaje del Movimiento Moderno.

> "Es importante destacar que en estos años se formaba una nueva generación de profesionales valiosos que continuarían la labor de los antes mencionados, entre ellos tenemos a Leonardo Arcos Córdova 1906, Federico Arteta 1916, Alfonso Calderón Moreno 1905, Eduardo Mena Caamaño 1898, Carlos Kohn 1894, este último desarrolló interesantes ejemplos de arquitectura racionalista" (Del Pino, 2002, 130)

Existió entonces una relación entre personajes locales, extranjeros y emergentes. El papel del arquitecto para esta época era de interlocutor, entre obra y academia, joven y antiguo, o lo oficial con lo subalterno. En esta relación ingresaron otros personajes: llegaron también artistas plásticos, Lloyd Wulf (estadounidense), Jan Schereuder (alemán), Hans Michaelson (holandés) Olga Fisch (húngara), trayendo consigo la diversificación de tendencias, los estilos internacionales, y una nueva camarilla cultural en la escena quiteña. En arte, el internacionalismo de los ecuatorianos Rendón y Gilbert en la década de 1950 fue una respuesta propia a esta influencia.

Casa Olga Fisch.

Hay un factor determinante que une los personajes con su respuesta a las características de la ciudad, y este tiene que ver con los viajes de los migrantes y la reacción del lugar al que fueron, es común reducir este reflejo a los lugares de origen, pero, los viajes formativos, turísticos, o (en el caso de los huidos de la guerra) forzados generaron una visión más diversa y adaptativa del contexto quiteño. Para ejemplificar, muestro un estudio de 10 casos de viajes de arquitectos que hicieron su práctica en Quito y que realizaron viajes de "hibridación" que luego se vieron reflejados en su obra.

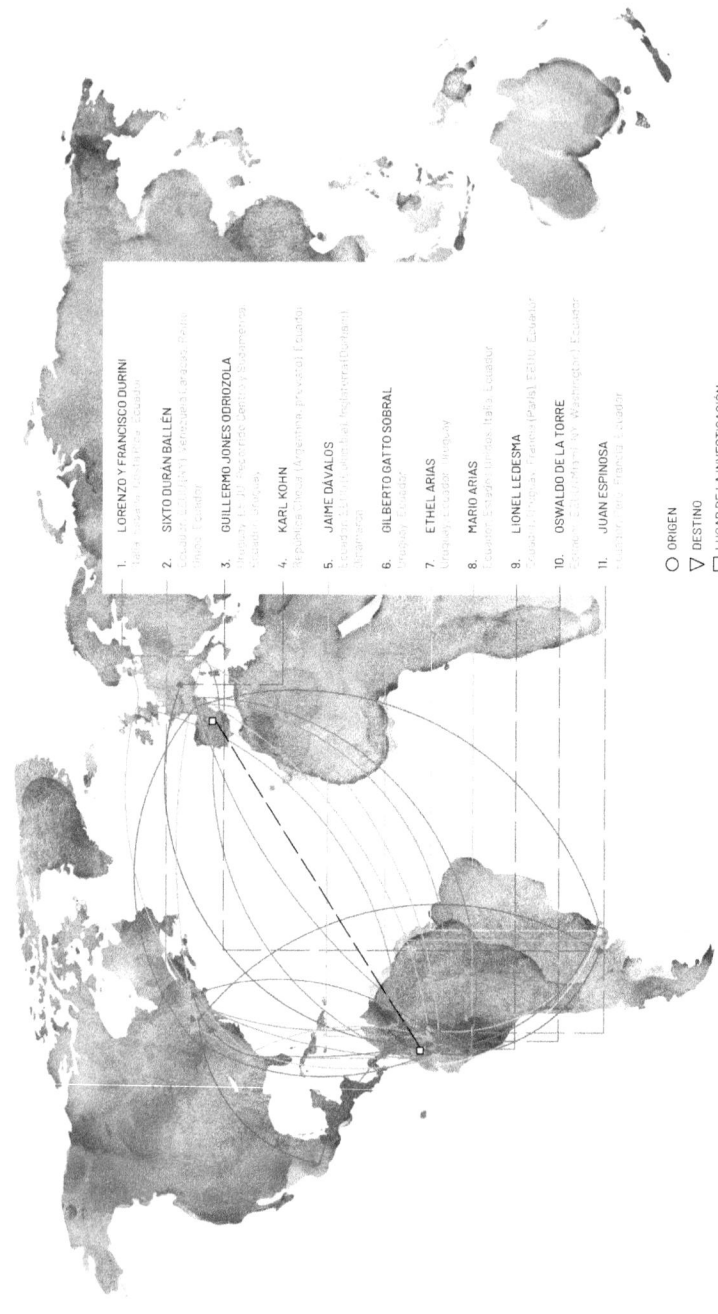

Transmisores de hibridación en Quito: personajes y viajes. Néstor Llorca, 2016.

LO VERNÁCULO, EL INDIGENISMO Y LO SUBALTERNO

..."Hasta los nombres de los movimientos, muestran que las vanguardias tuvieron un arraigo social, mientras en Europa los renovadores elegían denominaciones que indicaban su ruptura con la historia del arte – impresionismo, cubismo, simbolismo- , en América Latina prefieren llamarse con palabras que sugieren respuestas a factores externos al arte: modernismo, nuevomundismo, indigenismo"

Jean Franco, 1986, La cultura moderna en América Latina.

Fountain in a square in Quito and cathedral in background, Ecuador. Creada por Therond, publicada en *Le Tour du Monde,* Paris, 1867

Dentro de la mezcla, se explica el papel encubierto de lo vernáculo, que parecía ser contrario al afán modernizador del Movimiento, y sin embargo fue el que permitió rellenar los vacíos que la nueva tendencia generaba, fruto del crecimiento precipitado de una ciudad llena de nuevos arquitectos y promotores. La tradición generó respuestas imaginativas que tuvieron influencias dispersas, híbridas e imprevistas, excediendo los bordes que estas soluciones autóctonas pensaban cubrir.

Néstor García Canclini propone en su texto "culturas híbridas" la siguiente comparación:

moderno	=	culto	=	hegemónico
		vs		
tradicional	=	popular	=	subalterno

Estos procesos comparativos que propone García Canclini, en la arquitectura de Quito fueron aparentemente armónicos entre lo indígena y lo moderno, generaron nuevos códigos, ya sea para la reinterpretación de un sistema constructivo, la elección de un material o la representación estética de motivos indigenistas:

> "La arquitectura de esta época se integró armónicamente al conjunto ya construido. No modificó sustancialmente; compatibilizó texturas y elementos de fachada con los edificios del entorno inmediato; se adaptó a la topografía y a los niveles ya existentes, anteriores a la construcción." (García Canclini 2009 (1989), 131)

Antigua Calle Guayaquil. Quito, un ciudadano en traje y un indígena en alpargatas 1948.

"Ecuador / Quito Colonial" Publicidad del Ministerio de Relaciones Exteriores del Ecuador, 1930.

Póster de Feria Internacional de Muestras. Quito, Ecuador, 1936.

Mural de Jaime Andrade, en edificio de Ramiro Pérez, 1968, foto Paco Salazar, 2013.

Un celebrado americanista, Alfonso Reyes, describe con mucha claridad el fenómeno general en el que se inscribe la realidad arquitectónica quiteña. En "Notas sobre la inteligencia Americana", Reyes no habla de civilización americana o cultura americana, sino de inteligencia americana, en donde la "Llegada tarde al banquete de la civilización europea, América vive saltando etapas, apresurando el paso y corriendo de una forma u otra, sin haber dado tiempo a que madure del todo la forma precedente" (Reyes 2005, 112). Esta madurez particular de Quito, inscrita en el fenómeno latinoamericano, generó procesos de búsquedas culturales.

Tal vez como respuesta proteccionista a la identidad nacional y a la pérdida de la guerra con el Perú en 1941, se crea la Casa de la Cultura Ecuatoriana, de mano del Dr. Benjamín Carrión, quien no rechazó la nueva influencia extranjera sino que se esperanzó en este suceso como una herramienta para consolidar al Ecuador como un generador de cultura. Con la conciencia de esta carencia de identidad, Carrión escribe en 1925 "Somos un pueblo niño, que se aferra, sistemática e audacia para vivir el presente, y para hacer cara consciente y atrevidamente al futuro" (Salazar 2011, 9).

Esta búsqueda de parentescos culturales, sincroniza con el desarrollo del Movimiento Moderno en la ciudad, aunque sus inicios y puesta en marcha fueron ajenos a la realidad quiteña, ecuatoriana e inclusive latinoamericana. Por ende, tanto las conductas sociales como las aspiraciones ideológicas de los creadores del movimiento, eran diferentes de las de los ejecutores quiteños de la corriente.

En esta disyuntiva crecía la comparación entre lo nuevo y lo vernáculo. Un mecanismo que permitió suavizar la disputa fue la hibridación, desde los siguientes mecanismos

    a)   tecnológicos, que asociaban sistemas constructivos "modernos" con materiales tradicionales, como en la casa Chonta (J. Dávalos), casa Fisch (O. Glass), Escuela Sucre (G. Gatto Sobral),

    b)   culturales, que mezclaban motivos y representaciones extranjeras con locales, como en la Basílica del Voto Nacional (E. Tarlier) u otras Barroco Quiteño, o

    c)   mixtas, que mezclaban motivos vernáculos con métodos extranjeros, como los murales de Jaime Andrade o el forjado de verjas al estilo francés con motivos indígenas (Hopkins y Dentz) o el Templo de la Patria (M. Barragán).

Un factor no declarado en los proyectos pero diagnosticado varias veces como en el caso de Lucas Achig[9], Eduardo Kingman Garcés[10] o el

---

[9] Existen varios textos que declaran prácticas segregadoras en la ciudad, por ejemplo Luchas Achig, en el libro "El proceso urbano de Quito"(1983), quien sistematiza como el crecimiento de la ciudad en múltiples épocas ha priorizado la separación de distintas poblaciones, relacionadas a una percepción racial, la especulación de la tierra y demás manifestaciones de lo que él denomina "manifestaciones de la segregación del espacio"
[10] Los estudios de Eduardo Kingman Garcés relacionados al higienismo. Kingman plantea que a inicios del siglo XX se desarrolló un tipo de construcción que favorecía los procesos de distinción —en términos de Bourdieu— de las clases altas blanco-mestizas, constituyendo «espacios públicos excluyentes». Los arquitectos importados de Europa estaban encargados de edificar los primeros teatros, cafés y hoteles en los que se reunirían las clases aristocráticas quiteñas. Quito se había convertido en una ciudad con creciente comercio, en donde convivían empleados burócratas del Estado, personas que ejercían profesiones liberales, una emergente banca y casas de préstamo usureras que proveían fondos para las clases medias, compuestas por burócratas y otros servidores públicos como los profesores (quienes recibían sueldos miserables). P.133

Detalle edificio arq. Hopkins y Dentz, 1936, foto Paco Salazar, 2013.

Detalle de animales de las Islas Galápagos como reemplazo de las gárgolas en la Basílica del Voto Nacional. Foto: Néstor Llorca 2015.

mismo Guillermo Jones Odriozola al ser entrevistado en los años 90, en lugar de un mea culpa, responsabiliza a los políticos de haber instrumentalizado el "Plan Regulador de 1942" como un mecanismo espacial de segregación[11].

Dentro de esta situación sobre la disputa entre colonialismo y decolonialismo, existe una huella sobre la herencia poscolonial, y la estrategia de la segregación social como mecanismo de diseño. Sin embargo la ciudad se expandía, a veces con un espíritu mercantilista como en los barrios jardín "...modelo de barrio residencial ajardinado, donde la villa se suelta dentro del lote dejando generosos retiros de espacios verdes a los cuatro

---

[11] O inclusive una entrevista realizada e Guillermo Jones Odriozola por. Walter Domingo / Julio 25 de 1991, Punta del Este. Uruguay, en el que J. O. Declara cosas como "Estudié esos trabajos y llegué a la conclusión de que había que darle a cada barrio la sensación de ser una unidad, es decir, una unidad con su escuela, iglesia había por todas partes de modo que no había que preocuparse por construir ninguna más, mercados principales había por muchos lados, pero no había tantas escuelas, no había tantos centros de barrio, no había vías que cruzaran la garganta que se formaba en el cruce de ciertos sectores de la ciudad, como por ejemplo entre la ciudad antigua hacia el sur, hacia la vía de ferrocarril y la zona industrial y hacia el norte que es la parte residencial más importante... de la zona de la Carolina, en donde el estadio Atahualpa, que es un crimen como lo hicieron, totalmente distinto de todo lo que yo había proyectado como centro deportivo. Había proyectado el estadio basándolo en la colina del Itchimbía que queda hacia el lado este, se desarrolla la colina en altura o sea que se podía haber desarrollado toda la parte de canchas y espacios horizontales abajo y todas las zonas de graderías en la pendiente, como los teatros griegos. En cambio hicieron un estadio como los que se hacen en lugares planos.

Mural, sobre el edificio del Templo de la patria, panorama del Salón Bolívar y Sucre.

lados… se plasma todo el repertorio ecléctico proveniente de los modelos de arquitectura europea y norteamericana" (Moreira en: (Kingman Garcés 1989, 246), o de forma manierista con el perseverante neocolonialismo. La realidad en los 1940 era ineludible, Quito crecía y no existía una planificación ni normas de construcción que abarcaban esta expansión.

El caso específico del Plan, y de cómo este, siguiendo la lógica de la hibridación, nuevos códigos y la participación de un gran número de los protagonistas de la investigación, es la herramienta más potente y extensa de segregación social. Tan difundido y eficaz que permanece hasta la fecha como el configurador urbano de Quito.

Sin embargo, el establecimiento de una influencia cultural no se instaura por tener la razón sino por tener éxito; es un mecanismo de autoridad y por tanto utiliza aparatos de poder para implementarse. Como anotó Nebrija, "Que siempre fue la Lengua compañera del Imperio"[12], podemos reconocer que no todas estas traducciones fueron positivas, aunque sí efectivas, y este éxito conlleva una producción abundante, deliberada e imponente. En Quito estos establecimientos van asociados a los que denomino factores "por condición". La obra de los Durini, Khon, Mario

---

[12] Frase de Elio Antonio de Nebrija, aparecida en el prólogo de su "Gramática de la Lengua Española" Salamanca, 1492

Arias, Gatto Sobral o Milton Barragán prevalecen por su calidad arquitectónica y por su hábil acoplamiento con estas normas.

Este mecanismo también instauró marginaciones; desde la investigación propongo que el Plan Regulador de Quito Jones Odriozola de 1941[13] es la herramienta más potente y extensa de segregación social de la ciudad[14]. Este proyecto es heredero del sistema colonial de castas y a través de los conceptos higienistas distribuye a los quiteños en dos grupos: los ciudadanos de primera y los de segunda clase[15], los servidores y los servidos. El Plan evidencia estas características desde la jerarquización de las zonas, la diferenciación de normativas de gestión y construcción, y una clara inequidad en los criterios que dieron tamaño y proporciones de espacios públicos o servicios básicos. La planificación del uruguayo Jones Odriozola es una maquinaria eficiente y rígida que ha dictaminado el desarrollo de la ciudad hasta la actualidad bajo esta condición, inclusive en las zonas en las que la ciudad creció y que el plan no consideró.

El Plan de 1941 no es el "inventor" de esta estrategia, y en la búsqueda de precedentes no coloniales (porque es bastante claro que el sistema

---

[13] "En el año 1943 se lleva a cabo el primer Plan Regulador de la ciudad, a cargo del arquitecto uruguayo Jones Odriozola, quien dibuja la nueva ciudad en términos eminentemente formales, sin contemplar aspectos de carácter socio-económico, cuya investigación hubieran podido invalidar alguna de las propuestas" (Moreira 246, en Kingman), se especula de las influencias de J. Odriozola desde el parisino Henri Labrouste a una versión low tech de la Ciudad Radiante de Le Corbusier. El Movimiento Moderno en los años 1940 actuó en ciudades consolidadas de manera fragmentada en la escala urbana o en actuaciones puntuales, sin embargo las ciudades latinoamericanas siempre atentas receptoras de las concesiones europeas, permitían el ejercicio de transformaciones radicales, ya que por su dispersión territorial fruto de la urbanización de haciendas o zonas agrícolas, posibilitaban la creación de grandes planes de crecimiento de las ciudades, este fue el caso del Plan Jones Odriozola.

[14] Gilberto Gatto Sobral, también uruguayo, que continuó el trabajo urbanístico del plan regulador, por enfermedad de Jones, presenta la clasificación de la población futura de Quito en la memoria descriptiva de 1945: "Por la condición de trabajo que cada ciudadano desarrolla, puede suponerse, a grandes rasgos, que la población se encuentra subdividida en tres grandes categorías distintas: los obreros, los empleados y los proletarios, gerentes y administradores de las empresas de trabajo. Esta subdivisión no responde a ningún preconcepto de castas, sino que es la consecuencia lógica de la forma de trabajo, bajo la organización democrática"

[15] En cuanto a las denominadas zonas residenciales, en la memoria descriptiva del plan, se describe una diferenciación por calidades, ubicación y un claro perfil segmentado, desde las zonas de "vivienda alta de primera calidad para empleados", "vivienda de calidad media", "barrio obrero" o "barrio jardín"

social estratificado colonial es el fundador de las jerarquías por diferencias étnicas en Hispanoamérica) encontré un claro reflejo en las Leyes de Extranjería. Desde la primera Ley promulgada en 1886[16] y las siguientes en 1892, 1921, y las actualizaciones del 1938, 1940 y 1947[17], a pesar de hablar sobre los extranjeros, demuestran que la idea de diferenciación racial y el reflejo por jerarquía étnica prevalecen inclusive (o más aún) entre los compatriotas. Guillermo Jones Odriozola instrumentó a través del Plan Regulador una respuesta física a una ideología de la época[18].

Es un descubrimiento desalentador, desagradable pero real, y en la medida en la que me incomode a mí y al lector, alejado o cercano a Quito, es útil.

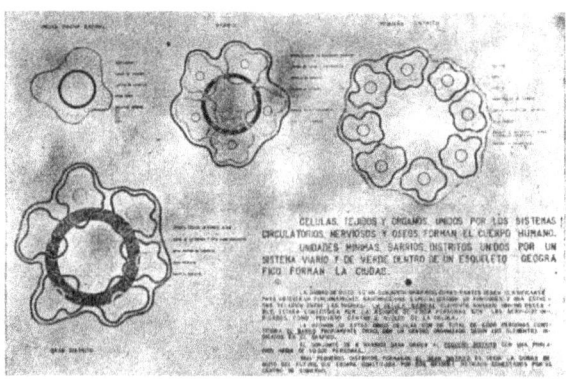

Esquema funcional del Plan Jones Odriozola que hace alusión al funcionamiento de la sociedad como un organismo pluricelular, Presentación del Plan J.O. imprenta municipal, Quito, 1949

[16] En 1886 se promulga en el Ecuador, en la presidencia de Juan José Flores la primera Ley de Extranjería, normando por primera vez la calidad de "extranjeros" en el país, aclarando derechos y atribuciones y también las diferencias por razas variando de deseables a "perniciosos"
[17] "La idea central, que incluso encontramos en los discursos de Ministros de Relaciones Exteriores de aquella época, era dar todas las facilidades a los extranjeros seleccionados (inmigrantes deseables) que querían radicarse en el país, como la entrega de terrenos, liberaciones aduaneras, pasajes etc." Jacques Ramírez, "Ciudad-Estado, inmigrantes y políticas, Ecuador 1890-1950" IAEN, Quito 2012
[18] En la presentación del Plan, J.O. describe la exclusión cultural de la ciudad "su enorme lejanía de los puntos de contacto con el mundo exterior sirvieron de valla en la que toda obra nueva se estrellaba y quedaba detenida. ... sin poseer en nuestra época muchos elementos completamente necesarios para su condición de capital de un país de América y no de una época de conquista" Guillermo Jones Odriozola, 1949. Fuente: Documento de presentación del Plan Regulador. Imprenta Municipal, Quito, 1949.

Jones Odriozola llegó para solucionar el pedido de una ciudad en un vertiginoso crecimiento, quien realizo el Plan Regulador para Quito aprobado en abril de 1945.

> "En el año 1943 se lleva a cabo el primer Plan Regulador de la ciudad, a cargo del arquitecto uruguayo Jones Odriozola, quien dibuja la nueva ciudad en términos eminentemente formales, sin contemplar aspectos de carácter socio-económico, cuya investigación hubieran podido invalidar alguna de las propuestas". Moreira en: (Kingman Garcés 1989, 246)

Se especula de las influencias de Jones Odriozola desde el parisino Henri Labrouste a una versión low tech de la Ciudad Radiante de Le Corbusier. La modernidad en los años 1940 actuó en ciudades consolidadas como París de manera teórica en la escala urbana o en actuaciones puntuales. Sin embargo, las ciudades latinoamericanas siempre atentas receptoras de las concesiones europeas, permitían el ejercicio de transformaciones radicales, ya que por su dispersión territorial, fruto de la urbanización de haciendas o zonas agrícolas, posibilitaban la creación de grandes planes de crecimiento de las ciudades. Este fue el caso del Plan Jones Odriozola.

La ambigüedad del modo de vida quiteño se refleja en la arquitectura de la época analizada. La disputa entre los paternalismos históricos y la influencia global, la carencia acostumbrada frente a las ostentaciones originadas por los booms petroleros. El protagonismo de la baja tecnología o las réplicas estéticas. Los ejemplos estudiados muestran cómo participaron de estas disyuntivas con inclinaciones variadas y con defensas sobre nociones de identidad muy distintas, haciendo del discurso arquitectónico rico en soluciones y perspectivas.

Surgen entonces los paternalismos, la polarización por ideología sobre la identidad quiteña y la respuesta arquitectónica que ésta debía tener. Se produce una irremediable discriminación ligada entonces a los nuevos espacios del Plan Regulador, separando la ciudad por empatía estilística, consiguiendo que prevalezcan los edificios de calidad pero que estos sean imitados desde la autoconstrucción a los nuevos profesionales dando lugar a un catálogo deslucido de un estilo que no logró concretarse.

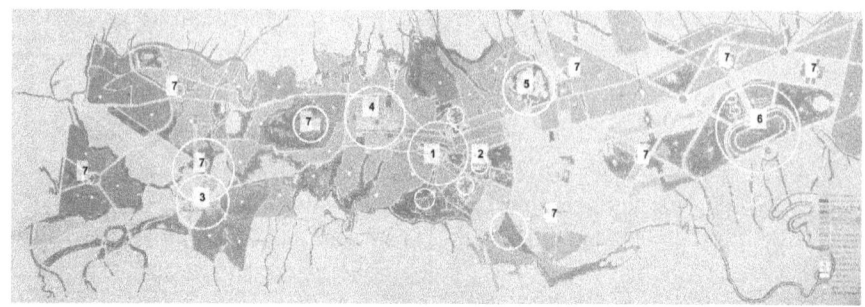

Esquema general del Plan Jones Odriozola, en: Amparo Ponce, "La Mariscal", p 34, Instituto Metropolitano de Patrimonio, Quito, 2011

Como con el fenómeno de la llegada de teorías extranjeras, la falta de información completa se resolvió de manera descuidada, convirtiendo la transición de maestros a las primeras generaciones de graduados en la facultad quiteña, extremadamente complicada. Los primeros graduados salieron ya con una formación definida, cocinada nuevamente con ingredientes europeos. "Ellos asumirán la responsabilidad de adaptar a nuestro medio novedosas tendencias que ya se habían aplicado en otros países introduciendo la escuela racionalista y funcionalista como la vía más idónea para la solución de requerimientos..." (Moreira en: (Kingman Garcés 1989, 247).

Las nuevas intervenciones no tenían un carácter autónomo; en la caracterización de la arquitectura prevalecía la necesidad de mirar hacia afuera como un elemento de aprobación y jerarquía frente a la forma anterior de proyectar.

Preguntas de un obrero que lee

¿Quién construyó Tebas, la de las siete Puertas?
En los libros aparecen los nombres de los reyes.
¿Arrastraron los reyes los bloques de piedra?
Y Babilonia, destruida tantas veces,
¿quién la volvió siempre a construir?
¿En qué casas de la dorada Lima vivían los constructores?
¿A dónde fueron los albañiles la noche en que fue terminada la Muralla China?
La gran Roma está llena de arcos de triunfo.
¿Quién los erigió?
¿Sobre quiénes triunfaron los Césares?
¿Es que Bizancio, la tan cantada, sólo tenía palacios para sus habitantes?
Hasta en la legendaria Atlántida,
la noche en que el mar se la tragaba, los que se hundían,
gritaban llamando a sus esclavos.
El joven Alejandro conquistó la India.
¿Él solo?
César derrotó a los galos.
¿No llevaba siquiera cocinero?
Felipe de España lloró cuando su flota fue hundida.
¿No lloró nadie más?
Federico II venció en la Guerra de los Siete Años
¿Quién venció además de él?
Cada página una victoria.
¿Quién cocinó el banquete de la victoria?
Cada diez años un gran hombre.
¿Quién pagó los gastos?
Tantas historias.
Tantas preguntas.

Bertolt Brecht

LA OPCIÓN

La opción representa los resultados espaciales a las posturas ideológicas que crearon y validaron los proyectos arquitectónicos del rango temporal estudiado. Optar por algo significa decidir, y si bien se puede asumir que una decisión coherente involucra los criterios ineludibles (condición), el contexto (situación), siempre tienen una carga circunstancial que depende del enfoque con el que se mira la realidad, y que, al final define los rasgos particulares de la decisión tomada, creando un modelo de prototipos relacionados al pensamiento divergente, es decir un método experimental que propone soluciones diversas para un mismo problema. Esta diversidad depende de la perspectiva que se elija.

Para el estudio a continuación, se organiza una estructura que permita analizar los fenómenos detrás de las obras, a manera de un proceso de ingeniería inversa que busca descomponer el objeto complejo en sus partes, entendiendo las decisiones que estuvieron detrás de las elecciones, tanto de selección de materiales, estructurales, decisiones compositivas, espaciales y tipológicas, o relaciones con el lugar, el entorno o el mensaje que usaba a la obra arquitectónica como interlocutor. He dividido esta estructura en tres aspectos principales:

1. los naturales a la arquitectura, es decir los relacionados a lo espacial, compositivo, material, tecnológico y del lugar;

2. los relacionados a la interacción social: actividades, personajes e interacciones entre estos individuos y espacios, y

3. los relacionados a la validación de la arquitectura analizada, los medios de difusión, los canales de aceptación y por tanto la valoración, aceptación y vigencia de los proyectos de arquitectura desde el imaginario popular.

Esta sección del documento enfrenta al lector al problema de investigación que germinó en la tesis: la arquitectura de Quito perteneciente al Movimiento Moderno tiene un valor específico por su carga híbrida. Posee códigos, herramientas y una estética notable, que sin embargo, al subyacer en su estimación frente a las edificaciones del Centro Histórico de la ciudad, declarado patrimonio por la Unesco en 1978, no es apreciada ni reconocida con carga afectiva, académica, ni política.

Este desapego ha dado como resultado un limbo sobre la legislación de las piezas relevantes de la época, que ha permitido derrocamientos, intervenciones o reestructuraciones sin considerar la relevancia de las obras o su influencia en el contexto.

Este ejercicio de disección de las obras pretende encontrar las causas de dos fenómenos: la primera es la de demostrar la relevancia de la arquitectura estudiada y la segunda la de encontrar las razones por las cuales estos valores inherentes a los proyectos no son reconocidos de forma natural por la sociedad, a pesar de ser los referentes habituales de las escuelas de arquitectura local. En ambos casos se busca generar un nuevo estatus en los edificios relevantes, tanto desde la legislación que pueda proteger estas obras, como las estrategias de intervención que permitan aprovechar las bondades espaciales de los edificios estudiados.

De esta selección de obras por tanto se busca destacar su influencia desde el punto de vista urbano, tecnológico y social, que avalan la respuesta coherente a su contexto, pero que no necesariamente se ven reflejados en su valor comercial o validación mediática. Es una búsqueda de las razones que generaron las formas y que por su permanente uso hasta el día de hoy, demuestran la vigencia de los modelos estudiados.

La opción como un mecanismo de proyecto se apoya por tanto en la filosofía perspectivista, de José Ortega y Gasset y en el materialismo histórico de Walter Benjamin. En el primero, la perspectiva genera forzosamente un "juicio" sobre la verdad ligado al espectador del objeto, quien dependiendo de su bagaje e ideología aprueba la arquitectura que se le presenta con independencia del mismo objeto, una referencia a la "realidad multiforme".

En el segundo, el materialismo histórico sirve como un apoyo metodológico, sin tener que buscar una "lucha de clases" o una visión marxista, sino más bien una herramienta de crítica: la capacidad de "poner en crisis" un objeto, en este caso, espacial y construido, para alinearse con una idea de progreso. Así, se produce un vínculo de la opción como una consecuencia ideológica del progreso a través de una elección.

El perspectivismo obliga a una decisión que normalmente se apoya en una dicotomía reducida a un "me gusta" o "no me gusta" que provoca que la opción tenga una marcada línea y por lo tanto un contrincante. Bajo este marco busco detectar las visiones ideológicas que marcaron las líneas editoriales de los medios de comunicación que difundieron y criticaron el período arquitectónico estudiado, en el que habitualmente se respaldaron los discursos que permitieron el desarrollo de Quito bajo una línea u otra.

La opción es por tanto el mecanismo de cierre y resolución de los factores más estáticos del proyecto. Permite priorizar los elementos estructurantes de la arquitectura: dimensiones, formas, recursos compositivos, usos, materialidad, tipologías, etc, marcando así un enfoque claro referido a la estratificación de estos componentes. De esta manera se generan tendencias, movimientos e "ismos". Sin un afán de desglosarlos a todos, la reflexión sobre "la opción" busca encontrar los códigos que hibridaron estos movimientos de su estado primario, consiguiendo en Quito y Ecuador ejemplos de "revolución industrial híbrida", "casas patio híbridas", "barroco híbrido" o "movimiento moderno híbrido". Es un fenómeno flagrante que en ocasiones ha conseguido una denominación como la "Escuela Quiteña" para el barroco, pero en el caso del "Movimiento Moderno híbrido" carece de denotación a pesar de tener una connotación cultural potente.

Tanto en el título de este capítulo como en la propia naturaleza de la crítica de los proyectos presentados hay un afán reivindicativo, entendiendo que existe un derecho de protección no otorgado a la arquitectura presentada. Una reivindicación sobre los proyectos más que sobre sus autores, ya que, debido a una especie de creación de leyendas sobre los personajes en las Facultades de Arquitectura o en el medio quiteño, se ensalzan los nombres pero no sus obras.

Se reconoce a Karl Khon y, sin embargo, el exterior de su casa está lleno de pintadas; de Gatto Sobral o Mario Arias se distingue la calidad de su discurso y propuestas dentro del campus de la Universidad Central pero los edificios del Teatro Universitario, Facultad de Economía o la antigua Residencia Estudiantil están en una desatención obvia y penosa; o el caso de Rubén Vinci y su "Castillo Larrea" sobre la avenida 12 de Octubre en el que ahora se construye un edificio que se vale de mecanismos artificiales para implantar un proyecto kitsch, banal y masivo, que ha usado la reinterpretación de la ambigua norma de protección a edificios fuera del Centro Histórico, para tomar por tontos a ciudadanos, arquitectos y legisladores. La reivindicación busca por tanto, crear un marco teórico que mejore el estatus legal de los edificios, su asimilación social y la revalorización de sus bondades espaciales objetivas.

Hay un factor semiótico en la codificación de la arquitectura desde la tripartición: condición, situación y opción. Si los códigos permiten entender las razones de la forma arquitectónica y su relación de uso, materialidad y significado. La arquitectura tiene por tanto un fuerte componente denotativo que le permite situarse en el contexto, ser nombrado y asociarse con sus similares (tipos); y otro connotativo que la convierte en objeto de juicio, con la facultad de ser catalogado desde la percepción y en un actor en un sistema más amplio. Esta visión vuelve a la arquitectura un medio para usar signos. Esto no es ningún descubrimiento, sino un apoyo en múltiples referentes que usan este recurso y que permiten entender la arquitectura como un lenguaje complejo o mejor, un metalenguaje en el que los signos viajan a través de analogías, solapamientos de varios lenguajes y varias veces de descontextualizaciones.

Este hecho también refuerza el carácter híbrido de la arquitectura asentada en Quito. Su contextualización no sólo cabe dentro del ámbito material, constructivo o tecnológico sino desde el de su significado y traducción, volviendo las tipologías hegemónicas del Movimiento Moderno en una especie de "Ready mades" arquitectónicos, en el que, lo que denomino "utilidad no planificada", subyace la nueva significación de los edificios desde el usuario y no desde el arquitecto, autor del edificio.

Esta renuncia a la categorización estática de la arquitectura es una búsqueda entre la crítica de la misma obra y su ductilidad sobre la actividad que el edificio acoge, proponiendo la adición del tiempo en las dimensiones del espacio arquitectónico (esta propuesta no es una novedad, pero sí una postura). Esta premisa es la que conduce todo el capítulo, ya que el factor temporal es tal vez la característica más definitoria del resultado de la hibridación. El viaje de las ideas tiene temporalidades y estancias distintas: los trayectos en los que estos conceptos viajan tienen anidaciones, gestaciones y eclosiones distintas y por tanto dan resultados múltiples, pueden ser anacrónicos, sincrónicos o prospectivos. Bajo esta fórmula temporal los otros códigos pueden ser verificados.

Esta metodología permite presentar posteriormente las conclusiones de manera contemporánea, filtrando los fenómenos encontrados entre los que son particulares al Movimiento Moderno Quiteño y los que existen desde el primer contacto con lo extranjero y han perdurado hasta la actualidad.

EL EXPERIMENTO HÍBRIDO

Dentro de los procesos naturales a la opción está el experimento, que sirve como mecanismo de verificación de una hipótesis como un proceso natural de la arquitectura, lleva por tanto una cantidad de métodos habitualmente ligados al diseño que sirven como componentes de verificación graduales del proceso, a través de prototipos, dibujos, planos, mapas y otros. Sin embargo, por el enorme salto que implica pasar del prototipo al edificio, la verificación de la arquitectura ocurre solamente después de la construcción y, sobre todo, después de la utilización y la ocupación.

Además, el experimento en arquitectura, desde mi visión, implica tres "familias" de evaluación:

1. los parámetros, que se pueden dimensionar (altura, profundidad, color, material, programa, normativa, etc.);

2. los factores, que influencian el resultado pero que son circunstanciales, a veces perceptivos (proporción, ritmo, uso, relación con el sol, etc.) y;

3. una evaluación ligada a la creatividad y sensibilidad, que normalmente es subjetiva o máximo intersubjetiva, dependiendo del bagaje y enfoque del evaluador. Podríamos resumir que, en arquitectura se evalúa la coherencia entre la necesidad detectada y la respuesta espacial propuesta a través de estas tres "familias".

El experimento híbrido complejiza más el proceso, porque recupera elementos de otros contextos para introducirlos en el proyecto, reconfigurando la naturaleza de estas "familias" de evaluación. Esta adición genera una especie de metalenguaje de proyecto, que incluye una denotación sobre los parámetros, que busca ser objetiva y lógica pero que por el carácter impuro de lo híbrido puede mudar de un campo a otro. Existe por tanto, un recorrido circular en esta evaluación entre el experimentador y lo experimentado que supone un diagnóstico sobre los resultados del edificio y una retroalimentación hacia el proceso de diseño del arquitecto. En el caso de lo híbrido opera también la interpretación de la referencia de la cual el proyecto partió.

El laboratorio en el que se aplica el experimento arquitectónico es el espacio construido, normalmente la ciudad. El conjunto de varios experimentos – edificios, generan un movimiento en el plano teórico, un período en el plano temporal, o un conjunto, barrio o distrito en el plano territorial.

En la misma naturaleza del proyecto arquitectónico, visto como un experimento, operan variables tecnológicas, económicas, filosóficas, materiales, etc. El carácter experimental permitió reconocer el progreso de los arquitectos a través de su adaptación a estas variables y el desarrollo de una técnica de proyecto que regulaba procedimientos más que características particulares, las herramientas o los equipos utilizados. El lugar de esta técnica de trabajo del arquitecto que actuaba en Quito estaba supeditada a su sensibilidad hacia la condición y la situación, y modulada hacia su respuesta a través de su opción. Está claro que los resultados de la arquitectura son diversos y heterogéneos, y tienen calidades distintas, normalmente diferenciadas por la creatividad. Para el propósito de esta investigación, la pregunta central sobre la opción sería: ¿Cómo la técnica de proyecto afecta a la creatividad? .

Una técnica coherente en lo híbrido necesita ser sólida, positiva pero elástica. Es decir traer el referente extranjero del tipo que sea (material, tipológico, constructivo, cultural) y anidarlo en el medio local. Por tanto, no debe regirse a una fórmula, sino poder adaptarse a la idea y su contexto. Por cada idea debe haber una invención particular que exprese con claridad el proyecto específico y no otro. La idea debe ser valiosa por su singularidad, siendo el resultado de un diagnóstico preciso y coherente con la necesidad detectada que luego se convertirá en proyecto y después en edificio. Sobre este aspecto, que podría denominarse afinidad, reside la verificación del proyecto y su aceptación social.

El experimento, en el caso estudiado desde su carácter híbrido, tiene también una carga perceptiva potente y por tanto opera a través de estas percepciones como un reflejo a una condición particular de Quito, que en esta tesis denomino la "respuesta instintiva", frente a los requisitos para implementar las referencias externas. Un mensaje apoyado a una percepción que es propia de las capitales latinoamericanas y sobre todo a mediados del s. XX: la necesidad de buscar progreso y modernidad desde una condición "tercermundista" o "en vías de desarrollo", lo que indujo a una especialización "low tech" de los sistemas constructivos, que provocó que los diseños se apoyen más en su geometría que en su materialidad.

Esta característica, apoyada de la condición de "respuesta inmediata" generó un colectivo autodidacta, que, en la búsqueda de contextualizar los referentes extranjeros, los arquitectos de Quito lo hacían desde la producción colectiva como reacción, pero inédita en lo específico (sistema constructivo, dimensiones, materialidad). Éste fue un proceso empírico que buscó recrear las características esenciales de los puntos de partida (las reglas, elementos o restricciones propias de los estilos) pero con una nueva versión contextualizada. Esta aceptación de un método de elementos culturales globales y su traducción local no siempre dio resultados óptimos. Falló a veces por una mala particularización del proceso, otras por una mala traducción y otras por una propuesta más hacia una escenografía falaz que a un proyecto eclosionado con éxito en el contexto.

En el proceso de evaluar el experimento y su carácter híbrido se sucede la obra construida desde la asimilación tipológica, formal o cultural de su referente y desde la coordinación entre edificio y entorno. Al reconocer los atributos particulares con los que los edificios fueron diseñados y construidos es posible reconocer la interacción del edificio con su idea inicial y con las herencias recibidas, tanto desde los elementos arquitectónicos como del sistema urbano, que deriva en asimilaciones, fusiones conceptuales, traducciones o reinterpretaciones. En general la evaluación arroja un diagnóstico sobre la habilidad de recibir, discernir y luego traducir el referente hacia el nuevo proyecto.

LA TRANSICIÓN DE EXTRANJEROS A QUITEÑOS, LA CREACIÓN DE UN COLECTIVO LOCAL

Una de las características del tránsito tecnológico entre la Europa de posguerra y los métodos quiteños, fue el protagonismo de los albañiles, que traspapelaron los roles de quienes participaban de la construcción de edificios, viviendas y espacio público.

En general la reacción ante una tierna camada de recién graduados de una naciente escuela de Arquitectura de la Universidad Central, los profesionales inmigrantes que daban sus primeras pisadas sobre el complejo terreno y los trabajadores de la construcción (albañiles, carpinteros, peones, guachimanes) hicieron que, estos últimos fueran los soportes de esta transición estructural de la forma de hacer arquitectura en Quito. Eran los que culminaban el proceso de mezcla de tendencias, procesos y sobre todo de los vacíos de procedimientos o documentación.

> "Se incurriría en un grave error si se supusiera que la arquitectura contemporánea había alcanzado su desarrollo por obra de unos pocos genios aislados. Naturalmente que sin el concurso de artistas vigorosos y espíritus creadores, lo suficientemente resueltos para superar el convencionalismo dominante, nada de todo ello hubiera sido posible. Pero la arquitectura moderna no depende ya de un reducido número de personas; ahonda sus raíces en lo más profundo de nuestra vida contemporánea, y va desarrollándose cada día más en forma anónima; innumerables son los que, en todas las partes del mundo, colaboran en la obra de resurgir y su progreso" (Giedion, p. 111).

Dentro de este proceso de consolidación de un colectivo local, es necesario reconocer los personajes, que, a través de sus viajes trajeron formas de entender la arquitectura con algunos puntos en común y con varias diferencias. En este contexto heterogéneo se creó un proceso de aprendizaje colectivo en las décadas de 1940 y 1950 que fue el caldo de cultivo de la escuela de arquitectura quiteña. Los que llevaban algún tiempo en Quito, como los italianos Durini, los locales creadores de espacios pero no "oficialmente" arquitectos como Calderón Moreno, se reunieron con los llegados de Europa Oriental (Khon, Glass, Ehrensberger), de Uruguay (Jones Odriozola, Gatto Sobral y Arias Duarte), de EEUU (Dávalos, Durán Ballén), italianos (Rotta) y comenzaron a generar propuestas diversas y experimentales, que además se volcaron a métodos de enseñanza en la Universidad Central.

A pesar de que continuamente en este texto insisto en el carácter experimental de la arquitectura creada en Quito, he de aclarar que esta denominación probablemente no se hizo de manera consciente. Por el contrario, es común entender las asimilaciones de tendencias extranjeras como repeticiones metodológicas de un canon. Los personajes descritos anteriormente no llevaban la innovación como bandera, sino, en esta búsqueda de progreso o relevancia, pretendían traer modelos tipológicos, tecnológicos o formales que en otras ciudades habían servido como símbolos de superación y vanguardia. Sin embargo, a causa de la condición y situación, estos nuevos edificios se reconfiguraban de tal manera, que se volvían experimentales.

Existe otro camino que en Quito se siguió también de manera constante: la réplica de modelos clásicos europeos de forma rigurosa e inductiva, en la búsqueda de revivals, de reproducciones románticas, normalmente anacrónicas, que generaron falsos históricos muy aceptados socialmente. En un contexto relativamente pedestre, los palacetes afrancesados, neobarrocos o con réplicas de órdenes clásicos, eran símbolos de estratificación social y económica. Este enfrentamiento entre innovación y reproducción clásica perdura hasta la actualidad.

Dentro de este proceso de configuración de un colectivo de arquitectos, y con la intención de explicar el fenómeno y no una recopilación de datos, presento a continuación un breve resumen de la evolución de las décadas de 1930 a 1970, a través de recopilación de las diferentes publicaciones dedicadas a generar catálogos de la arquitectura de Quito: Las dos Guías Arquitectónicas (editadas por Trama y Junta de Andalucía), el libro "Quito: 30 años de Arquitectura Moderna" editado por la Universidad Católica, los tres tomos de "Miradas a la arquitectura moderna" de la Universidad de Cuenca y el compilatorio de la "Serie Quito" generada entre 1995 y 2005 bajo la edición de la Junta de Andalucía.

Este conglomerado me sirve para generar una muestra estadística de las que se entienden como obras más relevantes del período estudiado, con un número suficiente de obras como para diagnosticar un fenómeno. Sin embargo, presenta un primer vacío resultante de la selección: en todos los libros se repiten ciertas obras y nombres, dando relevancia a las mismas, pero dejando de lado a la arquitectura "anónima" de la ciudad.

En Quito la autoconstrucción o las obras "no académicas" representan un altísimo porcentaje de las edificaciones y en muchos casos tienen una calidad digna de destacar, que podrían promover posteriores investigaciones con una naturaleza casi arqueológica. En el caso del estudio presentado solo se analizan obras y datos arrojados de estas a través de los libros recopilados.De esta muestra se pretenden diferenciar tres cualidades:

1. La nacionalidad de los autores de las obras, con el objetivo de analizar influencias y relaciones entre países a través de sus arquitectos;

2. El número de profesionales, para buscar la dispersión de actores en la construcción de edificios relevantes; y

3. Los tipos de edificios realizados para entender la evolución de tipologías y modelos de habitar a lo largo del período analizado, tanto para reconocer los tipos como símbolos de esta búsqueda de progreso como para reconocer el uso de la arquitectura como una herramienta de poder.

Como un ejemplo fuera del período estudiado, de manera didáctica y flagrante, si analizara la misma Ciudad en el siglo XVI, la de "Las Colonias", podría diagnosticar, a través del análisis de las edificaciones relevantes construidas en el Centro Histórico, que la nacionalidad de los autores es mayoritariamente o únicamente española, que el número de arquitectos a cargo de las obras no superó la docena, creando una especie de grupo selecto de autores y que el tipo predominante fue el de iglesias construidas sobre anteriores asentamientos indígenas, que declaraban a estos edificios como instrumentos de poder y de cambio religioso y cultural, lo que explica el fenómeno de conquista.

De esta manera se puede dividir este análisis por décadas: el marco temporal sirve tanto para entender el momento específico como para reconocer la evolución de un estado inicial (1930) hasta uno final (1979), entendiendo este período como el que agrupa el episodio investigado.

Dentro de las nacionalidades, se contemplan las de nacimiento de los autores de las obras, con excepción del arquitecto Ovidio Wappenstein, quien, aunque fruto del periplo de emigración de la segunda guerra mundial nació en Valencia por un asunto circunstancial, es tomado en cuenta como ecuatoriano. La muestra total contempla 18 nacionalidades.

De los tipos de obras se dividió la muestra según uso, escala y promotor (privado o gubernamental), dando así once tipos: comercio, cultural, educativo, gubernamental, hotelero, industrial, oficinas, plazas, religiosos, urbanos y vivienda.

Los mismos textos estudiados presentan una relevancia de la época analizada, del total de 436 obras recopiladas en los libros (sin repeticiones), que abarcan desde el inicio de la Colonia hasta finales de la década de la década de 1990, se muestran 213 obras entre 1930 y 1979, dando un porcentaje del 49% del catálogo. Sin embargo, los libros de divulgación más amplia o los dedicados al turismo, normalmente se enfocan en edificios e iglesias de los siglos XVI y XVII. Esta diferencia sobre los criterios de selección entre las publicaciones de alcance masivo y los especializados también demuestran un fenómeno que ha distanciado las obras resultantes de este "Movimiento Moderno híbrido" de la sociedad.

En el imaginario de un quiteño, sus edificios de asociación cultural son los coloniales o de inicios de la República, los revivals o los relacionados a un personaje que habitó en estos. Volviendo a las obras del período 1930-1979 a un segundo plano de importancia, a pesar de la insistencia de divulgación de los libros de recopilación arquitectónica de la Ciudad.

Entre 1906 y 1930 se pueden encontrar muestras de una búsqueda de desarrollo de la Ciudad, en la consolidación del Centro Histórico como un espacio de progreso, se puede destacar la presencia italiana de Lorenzo y Francisco Durini (Banco del Pichincha / 1909) o de Giacomo Radiconcini (Teatro Capitol / 1910; Pasaje Baca / 1913), que proponían en Quito un vistazo hacia el avance como ciudad capital con bancos, comercios o teatro. La vivienda, sin embargo, se dividió entre las que permanecían en el centro como la "casa Gangotena" (Paolo y Antonino Russo / 1914), y los que buscaron trasladarse hacia la primera expansión de la ciudad en la zona de "La Mariscal" con un modelo de "Ciudad Jardín", mudanza que se consolidó entre las décadas de 1930 y 1940.

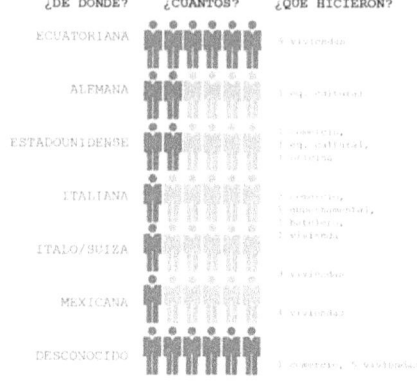

Arquitectos, nacionalidades y proyectos en la década de 1930.

De acuerdo a la muestra, de la década de 1930 se puede observar una población pequeña de arquitectos, 19 en total, de los cuales, los 6 ecuatorianos se dedicaban exclusivamente a los proyectos de viviendas unifamiliares. Para encargos de mayor escala y complejidad se confiaba en extranjeros como la compañía estadounidense "Hoffman & Henon" quienes proyectaron el Teatro Bolívar (1933) y encargaron la ejecución al alemán Augusto Ridder. Así también los italianos, que ocupaban un espacio privilegiado en la repartición de proyectos se dedicaban tanto a viviendas (normalmente de clase alta) como a proyectos de usos con poblaciones mayores.

La tasa de dispersión se calcula a partir del número de obras (32) con el número de profesionales (19) dando como resultado el 59%. Estos 19 profesionales son de 6 nacionalidades, dando un promedio de 3,16 personas por país. Por cada 10 arquitectos, 4,6 eran locales. A pesar de esto, dos personajes, Rubén Vinci (mexicano) y Francisco Durini (italiano), concentran 4 y 5 proyectos respectivamente.

En la década de 1940 surgen dos grupos de migraciones absolutamente definitorios para la historia de la arquitectura de Quito, primero los uruguayos, Guillermo Jones Odriozola y Gilberto Gatto Sobral y los llegados de las migraciones de la Segunda Guerra Mundial, checoslovacos (Karl Kohn y Otto Glass), quienes no solo se encargaron de obras, sino de la consolidación de la escuela y posterior Facultad de Arquitectura de la Universidad Central del Ecuador, además del definitorio plan regulador "Jones Odriozola" que sentó las bases del crecimiento de la ciudad de Quito hasta la actualidad.

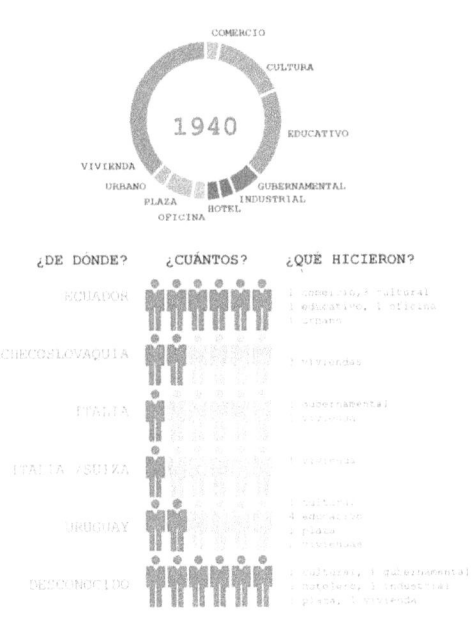

Arquitectos, nacionalidades y proyectos en la década de 1940.

La fundación del "Instituto Cultural Ecuatoriano" posteriormente "Casa de la Cultura Ecuatoriana" por Benjamín Carrión, gracias a su relación con el ingeniero Alfonso Calderón Moreno, permitieron a un ecuatoriano abrir su campo de acción de viviendas a nuevos tipos de proyectos, encargándole la sede de dicha Casa de la Cultura.

Los proyectos educativos encargados a Gatto Sobral (Escuela Sucre, Facultad de economía de la UCE, Teatro Universitario) fueron una declaratoria de una decisión política de crear nuevos espacios de enseñanza como un reflejo de un nuevo modelo urbano que abandonaba el Centro Histórico y se asentaba sobre un territorio no ocupado, fruto de la planificación del Plan Regulador de 1942. De esta manera, se ligaba la idea de un desarrollo territorial mucho más disperso, con la caracterización de espacios como una herencia higienista, que utilizaba estas herramientas urbanas de la creación de "ejes" a través de los edificios universitarios.

En cuanto a la dispersión, en 1940, a pesar de que no se repiten los mismos personajes en su totalidad, los números son los mismos: 32 proyectos entre 19 personas, danto una tasa del 59% y 5 nacionalidades, con una tasa de 3,8 personas por país. Por cada 10 arquitectos, 4.6 eran locales.

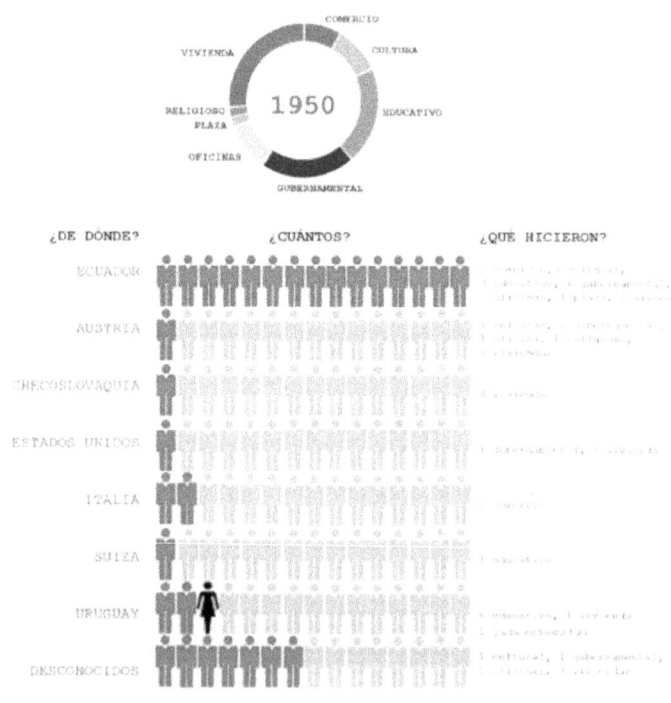

Arquitectos, nacionalidades y proyectos en la década de 1950.

En esta época dos personajes ecuatorianos, Sixto Durán Ballén (director de la Escuela de arquitectura de la Universidad Central del Ecuador, 1951-1956, ministro de obras públicas 1956-1960) y Jaime Dávalos (último director de la escuela y primer decano de la Facultad de Arquitectura de la Universidad Central desde 1956) ejemplifican la profesionalización de la arquitectura quiteña a través de arquitectos locales. Ambos graduados de universidades norteamericanas como arquitectos, llegaron a Quito con una combinación de conocimiento, influencia, contactos y una propuesta de transformación de la ciudad que les permitió crear la primera oficina local dedicada al diseño y construcción: ARQUIN y luego GADUMAG.

Adicionalmente, el vínculo de Durán Ballén entre Universidad y política, permitió el lanzamiento de graduados nóveles hacia cierto nivel de relevancia y fama, que en algunos casos como el de Mario Arias (Residencia Universitaria de la UCE en 1957) o Milton Barragán (quien en 1957 pudo construir su tesis de grado, el actual edificio del Ministerio de Relaciones exteriores), perduran hasta hoy.

El ejemplo más claro de esta relación entre propuesta política y su expresión a través de la arquitectura es la preparación de la ciudad para la XI Conferencia Interamericana de Cancilleres, prevista a realizarse en Quito en el año de 1959, y que nunca ocurrió pero que provocó la construcción de una gran cantidad de obra vial, edificios gubernamentales como el Palacio Legislativo (Alfredo León y asociados / 1956), el Hotel "Quito" (compañía McKirahan / 1956) preparado para recibir a los representantes de los países con todos los lujos, cuarteles militares, y otros varios proyectos que buscaban ejemplificar el avance de la ciudad y la búsqueda de ingresar al círculo de capitales relevantes latinoamericanas.

Fruto de este giro, en esta década se produce un dominio de arquitectos locales frente a los extranjeros en cantidad de producción, y una igualdad de condiciones en las escalas y tipos de proyectos, generando cierta homogeneización de condiciones, sin distinción por nacionalidad, al menos estadísticamente y en el ámbito de la arquitectura.

El número de proyectos se incrementa a 49 frente a la década pasada de 32, con una tasa de crecimiento del 53%, que demuestra este empuje político que utiliza la producción arquitectónica como mecanismo, junto con la infraestructura vial como una muestra de desarrollo. La dispersión (31 entre 49) es de un 63% y la de nacionalidades (31 a 7) da una tasa de 4,42 arquitectos por país. Por cada 10 arquitectos, 6.3 eran locales.

Para 1960, la hegemonía local se volvió flagrante, fruto de la titulación de la primera generación de arquitectos locales, la migración de regreso de una gran cantidad de los visitantes de décadas pasadas y la poca capacidad de la academia ecuatoriana de atraer nuevos personajes extranjeros. En esta época surgen los primeros viajes de especialización de quiteños hacia el exterior, quienes entre esta década y la siguiente, buscaron entender de primera mano las referencias que les habían llegado de manera traducida por sus profesores. Así, surgieron viajes de estudio a Uruguay, México, Estados Unidos o Francia y luego de su retorno a Quito, se produjo un cierta reproducción cíclica de los procesos de contextualización de proyecto, esta vez ya no por extranjeros sino por quiteños con una visión de dos lugares.

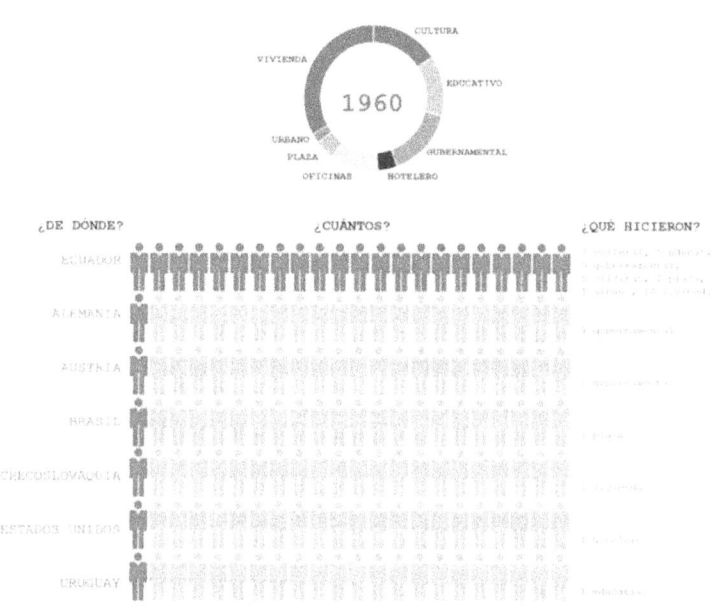

Arquitectos, nacionalidades y proyectos en la década de 1960.

En esta década hay una gran dedicación de proyectos a obras de gran escala, tanto pública como privada, además de nuevos tipos: hoteles, centros educativos y el surgimiento del edificio de oficinas como muestra de modernidad, que, a pesar de que en otras ciudades llevaba décadas sucediendo, en Quito se inició en la década de 1950 y se potenció en la década de 1960. Las viviendas unifamiliares por tanto, dejaron de ser la única opción de habitar y surgieron también los edificios de vivienda (uno de los más reconocidos como precursor de este tipo es el Conjunto Mañosca de Rubén Moreira /1967), de 4 o 5 pisos, comúnmente sin ascensor, sin grandes propuestas tecnológicas (que eran casi de exclusividad de promoción gubernamental) pero que buscaban dar un giro a la ciudad hacia la densificación y cierto mensaje cosmopolita.

En esta búsqueda existe un proyecto, el Teatro Prometeo (1962) del arquitecto Oswaldo Muñoz Mariño, con una plasticidad única que desde mi punto de vista, junto con el Templo de "La Dolorosa" (Milton Barragán / 1966) o el Teatro Politécnico (Oswaldo de la Torre / 1965) permitieron enseñar el carácter escultórico que luego adoptarían otros arquitectos locales. Muñoz Mariño es conocido como un gran maestro de la acuarela, pero su arquitectura es prospectiva, desafiante y espacialmente potente. Sin embargo, no fue aceptada por la ciudad que le tocó vivir y por tanto, esta arquitectura se quedó en el proyecto, en extensas bitácoras y planos, en concursos y en archivos que ahora se cuidan gracias a la excelente gestión documental de la Pontificia Universidad Católica del Ecuador a través de su proyecto "Lipada". El Prometeo, teatro circular con una carga fenomenológica imponente, es su mejor legado construido.

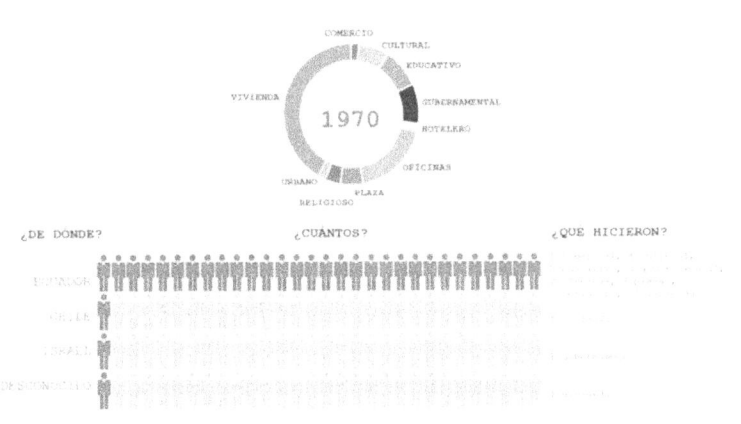

Arquitectos, nacionalidades y proyectos en la década de 1970.

El total de proyectos de esta década reflejados en el compendio de libros es de 45 frente a los 49 de la década de 1950 generan una rebaja del 8%. No obstante, ésta es una época de mucha construcción, fruto del crecimiento de la ciudad tanto hacia el norte como hacia el sur, aunque (deduciendo de la muestra) menos llamativas o dignas de resaltar. La dispersión (29 entre 45) da un porcentaje del 64% y la de nacionalidades (29 a 7) da una tasa de 4,14 arquitectos por país. Por cada 10 arquitectos, 7,6 eran locales.

En 1970 existen ya dos décadas de profesionales graduados en Quito. Esto permite ya no solo la consolidación de un grupo, sino el aprendizaje entre generaciones. Existen ya profesores, métodos, proyectos y tendencias locales, tanto fruto del aprendizaje en el exterior como en la ciudad. Comienzan a surgir pequeñas herencias de estilos y colectivos de creación y proyecto, no solo entre arquitectos, sino con artistas, ingenieros civiles, estudiantes y algunos promotores. Este contexto provoca el surgimiento del brutalismo y las atribuciones tecnológicas como recursos de generación de la forma, de la connotación de progreso y del sello del autor a través del tinte escultórico y cierto carácter irrepetible de las obras. Para esto, la tecnología fue la aliada para conseguir este recurso en obras como el CIESPAL (Milton Barragán y Ovidio Wapestein /1979), La Corporación Financiera Nacional CFN (Ovidio Wapestein / 1974), La filantrópica (Diego Ponce /1970), el Colegio de Ingenieros Civiles (Mario Árias / 1975), el edificio El Girón (Agustín Patiño / 1977), entre otros.

También hay una naciente industria privada dedicada a la promoción inmobiliaria que consolida el modelo de edificios y grandes conjuntos como "La Granja" (del chileno Sergio Larraín García Moreno / 1974) o las Torres Almagro (Diego Ponce y otros / 1977) y que junto a la denominada Junta Nacional de la Vivienda (creada en febrero de 1973) tienen un impacto territorial grande, fruto de la creación de modelos masivos (Hacienda Mena - 2042 viviendas, San Carlos - 1518, Santa Anita - 594, Luluncoto - 400 y Carcelén - 360) con casi 5000 unidades de vivienda solo en esta década, un hecho sin precedentes en el Ecuador y que, como en la mayoría de experiencias mundiales generó barrios obreros, estigmatización social y una homologación de la caracterización de los grupos familiares de los ocupantes. Relacionando la producción en serie de edificios tipo con una estigmatización social relacionada con la carga política de los edificios de promoción estatal.

En esta época, la producción de arquitectura es de autores mayoritariamente ecuatorianos: de los 55 proyectos, un incremento de 10 frente a la década anterior (subida del 22%). La dispersión (36 entre 55) es de un 65% y la de nacionalidades (36 a 4) da una tasa de 9 arquitectos por país. Por cada 10 arquitectos, 8,6 eran locales.

Diagnóstico del período estudiado

Hay ciertos aspectos obvios que se perciben como un comportamiento habitual de esta época y que se corroboran a través de los mecanismos estadísticos.

- Existe un incremento mantenido de la población de arquitectos, fruto de la creación de una escuela local de arquitectura y de las demandas del medio por más proyectos de mayor envergadura.
- Hay un cambio de estos perfiles de extranjeros a locales como un proceso de profesionalización del medio.
- Se evidencia una asimilación clara de las tendencias referidas a los usos propuestos como una marca de vanguardia, pasando de escuelas en la década de 1930, edificios culturales en la década de 1940, obras relacionadas al mensaje político en la década de 1950, los modelos masivos de la década de 1960 y la arquitectura escultórica en la década de 1970. Este tránsito de modelos siempre fue una versión tardía de las de las tipologías originales, pero eran de paso obligado para cualquier ciudad que buscaba ingresar en un círculo de innovación.
- La ciudad de Quito, por fuera de momentos específicos y circunstanciales, no acoge a extranjeros por largos períodos. En el caso de los arquitectos, éstos fueron recibidos, aprendieron de ellos y luego se creó una escuela local.
- Existe una clara relación entre el uso político de la arquitectura como símbolo y la producción arquitectónica singular.
- Este comportamiento se fragmenta y debilita con la producción masiva de arquitectura, que produce segmentos sociales con diferenciación de proyectos y zonas de la ciudad, el fortalecimiento de emprendimientos inmobiliarios a gran escala y la participación estatal, que, en el caso ecuatoriano fue acompañada del primer Boom petrolero, que generó una amplia producción urbanística sin la calidad que permitía el aprendizaje del "experimento híbrido". Expresado de manera sencilla: En Quito hay arquitectura más contextualizada en momentos de mayor austeridad.

CODIFICACIÓN DEL MOVIMIENTO MODERNO EN QUITO: LOS MÉTODOS HÍBRIDOS Y LA DUCTILIDAD

La generación de vanguardias y olas artísticas exigen un discurso de innovación, contemporaneidad y un fuerte antagonismo con la tendencia inmediatamente anterior. Este posicionamiento permite generar el reconocimiento de un grupo de impulsores, a veces identificados en personas, otras en grupos, otras en escuelas y a veces en gobiernos. En el mundo que declara estos cambios nunca ha estado el Ecuador, no ha formado parte por décadas ni de la "danza de los bohemios", la "aldea del mundo del arte" o "le monde" atentos a la nueva ola. Esta lejanía con las nuevas teorías frescas, hacía bastante natural que en un país como el Ecuador, sufra crisis periódicas de identidad nacional e intente reconfigurar estas con la llegada de los extranjeros que de alguna manera completaban la información fragmentada; la ciudad ya se encargaba de terminarla.

En la década de 1950 el panorama de la vanguardia era imaginado, y no atestiguado. A Sudamérica llegó como una aplanadora la visita de Le Corbusier de 1929 a Argentina y Brasil. Su casa Curutchet (1949/1953) en Buenos Aires y su idealizada relación con los creadores de Brasilia, se convirtieron en leyenda y persiguieron la forma de entender la influencia europea en estos países y por adhesión al Ecuador.

La sistematización de los procesos de proyectos en Quito, sus tiempos, personajes, particularidades o significación se proponen a través del código, entendido como un conjunto de atributos que se pueden diagnosticar. Son de alguna manera la representación más operativa del fenómeno de la investigación, tienen un carácter descriptivo y particular luego de la declaración del fenómeno.

De esta naturaleza descriptiva surgen, por tanto, la selección de proyectos que considero relevantes para mostrar el resultado de la aplicación de estos códigos en los edificios dando los siguientes resultados:

Códigos de asimilación

- Códigos de asimilación formal
- Códigos de asimilación constructiva

- Códigos de asimilación tipológica
- Códigos de asimilación del contexto
- Códigos de asimilación de vanguardia
- Códigos de asimilación semiótica

Un problema de aceptación del Movimiento Moderno es pedagógico. La arquitectura se puede evaluar desde la ciencia, el arte, la sociedad, pero esta estimación tiene dos caras: una compleja, académica y dogmática que pretende generar una masa culta de jueces de lo construido, capaces de proyectar, construir y discriminar una obra buena de una mala; y otra de las personas que experimentan los espacios, y así como son capaces de decidir si un libro, una película o cuadro les atrae, pueden saber instintivamente si la arquitectura les convence, de una forma natural, automática y reflexiva .

El carácter emergente y subalterno en el que se desarrolló el Movimiento Moderno en Quito, sumado a la austeridad endémica, permitió explorar estrategias alternativas, sumando elementos a veces anacrónicos, a veces aparentemente descontextualizados, otras con soluciones muy simples que dieron lugar a esta propiedad híbrida de la arquitectura de Quito, una sumatoria de elementos elegidos desde el ahorro, la cercanía y la implementación simple.

Estos eran ensayos que buscaban la creación de una comunidad de arquitectos que puedan inferir en las decisiones culturales y políticas. Los aprendizajes colectivos permitieron afinar discursos y posicionar la figura del arquitecto como un miembro importante de la sociedad, al menos en el período entre 1940 y 1970.

El rango de actuación de este grupo tuvo múltiples escalas: Planes reguladores, campus universitarios, modificaciones viales, infraestructura, nuevos modelos de equipamientos y dispersión urbana. De acuerdo a los censos de 1950 (primer censo nacional de población) hasta el de 1982, la población de Quito se incrementó de 209 932 a 866 472 habitantes; esto es un 313% en 32 años. Este crecimiento exigió el protagonismo de profesionales con conocimientos de planificación territorial. Fueron los arquitectos los que asumieron este rol y durante mucho tiempo (inclusive hasta hoy) se entrega el título de arquitecto – urbanista en algunas universidades locales. Esta ambigüedad del ámbito de acción de los arquitectos locales fue positiva a mediados del siglo XX, pero ahora es contraproducente y la necesidad social de un arquitecto se percibe mucho menor que en la época estudiada. Esta condición permitió crear una escuela desde la experimentación, la fusión y las condicionantes sociales.

Un grito de batalla de los nuevos generadores fue el de importar, traducir y construir lo propio, ampliando el mercado de bienes culturales / arquitectónicos, en parte por el crecimiento urbano, pero sobre todo por el incremento de una masa crítica y educada. Formaron entonces, una especie de laboratorio informal dedicado a la investigación cultural, el acercamiento al público y a las tecnologías nuevas, a través de asociaciones temporales, con arquitectos, albañiles, y en general los nuevos interesados en el Movimiento Moderno y su huella en la ciudad, generando una sumatoria de realidades empíricas que fueron constituyendo un nuevo diccionario de actuaciones. Eran ensayos que buscaban la creación de una comunidad cultural.

Dentro de los códigos proyectuales y sus procesos de asimilación de los modelos europeos, existen necesariamente adaptaciones, espaciales, materiales, tecnológicas, dimensionales, etc. Por ejemplo, la aplicación del modulor de Le Corbusier llegó con gran fuerza a la enseñanza de arquitectura local y prevaleció durante décadas. El valor de "universalidad" del Movimiento Moderno apoyado de la filosofía positivista que acompañó la idea del ser humano dentro de la "máquina para habitar", caló profundamente en el discurso académico de la época. Una muestra de esta influencia es que, tanto el rostro de Le Corbusier como el modulor están grabados sobre el hormigón del edificio de la Facultad de Arquitectura de la Universidad Central. Las medidas planteadas por el modulor se reflejan en la ordenanza de Normas de arquitectura y urbanismo (3457 y 3445) como dimensiones mínimas de espacios y alturas.

Sin embargo, la estatura promedio de un hombre ecuatoriano en la actualidad es de 167 centímetros y en 1914 era de 156 centímetros. Está claro que el modulor sirve como un sistema armónico de medidas que usa como base al ser humano y no a la cifra. Sin embargo, la diferencia entre 183 y 167 genera un margen relevante. Existen múltiples propuestas de redimensionamiento del modulor normalmente referidas a seres humanos más bajos que el 183 en múltiples contextos (ubicación geográfica, edad, género, etc), siempre con menor éxito que su original.

Desde mi punto de vista, esta diferencia de dimensiones no generó una desventaja en el quiteño, sino que potenció la capacidad de adaptación del usuario de 1,60 a los espacios proporcionados a alguien más grande. Es parte de la condición de "respuesta inmediata" es natural a los quiteños. Este ejemplo me sirve para explicar la codificación de los lenguajes extranjeros en Quito: los procesos proyectuales no buscaban la réplica o la recuperación prístina de su influencia, sino que se aprovechaban de la hibridación como una "condición genética impura" para manipular, reconfigurar y redefinir de una manera semiótica la arquitectura y su significación cultural. Por tanto, el modulor no implicó solamente medidas o sistemas de progresión dimensional, sino fue adaptado para conseguir un comportamiento de proporción y relaciones espaciales a las que el ecuatoriano de baja altura, se ajustó.

Entre las pruebas de aplicación de flamantes técnicas, la más determinante fue la del uso material y sus nuevas opciones, las correlaciones espaciales que la mezcla entre el hormigón y la tierra le propuso a la forma, mezclando innovación con costumbre. Esta aplicación mixta generó un lenguaje mestizo del Movimiento Moderno, formas rectas, planas y blancas eran realizadas con tierra, bahareque o ladrillo, todos sistemas portantes. Al inicio, rara vez se usó el hormigón y casi nunca el acero. Este hecho generó cierto carácter doméstico de la aplicación de modelos de la modernidad, edificios, viviendas y espacios más pequeños que los europeos, no tanto por un "respeto" a la tradición, sino por un acoplamiento de las herramientas a la mano con cierta perseverancia en las técnicas conocidas.

Entre las pruebas de la nueva técnica, la más determinante fue la del material y sus nuevas opciones, las correlaciones espaciales que la mezcla entre el hormigón y la tierra le propuso a la forma, mezclando innovación con costumbre.

> "El respeto a la tradición no significa la complaciente tolerancia de elementos que se deban a la casualidad fortuita o a la excentricidad individual; tampoco significa la excentricidad individual; tampoco significa la aceptación del dominio de formas artísticas pasadas. Significa, y significó siempre, la perserverancia de los puntos esenciales en el proceso de intentar poner al descubierto lo que esconden los materiales y la técnica, dando forma a los primeros con la ayuda inteligente de la segunda", Walter Gropius, 1965.

Códigos de asimilación formal

Conjunto de Facultad de Mecánica, Edificio de Servicios Universitarios y Teatro Politécnico autor Oswaldo de la Torre, (1965)

*comparada con con Begrisch Hall, Bronx Community College, autor Marcel Breuer, (1956-1961). (Moya Peralta 2018)

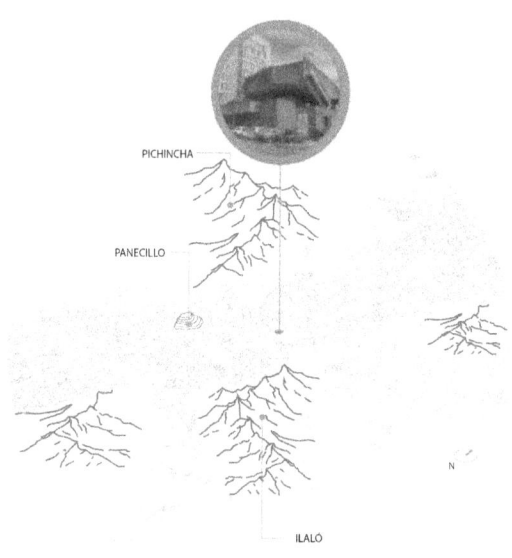

Ubicación del Teatro Politécnico en la ciudad de Quito

La obra de Oswaldo de la Torre (Machachi, 1926 - Quito, 2012) está marcada por una clara relación entre los materiales y los procesos constructivos; es reconocido hasta la actualidad como un riguroso constructor, que además (como era usual en la época) ejerció la profesión mucho antes de tener el título de arquitecto.

De la Torre fue parte del surgimiento de la carrera de Arquitectura de la Universidad Central. En 1944 ingresó a la Facultad de Ingeniería Civil, dos años antes de la creación de la carrera de arquitectura en esta misma Facultad (1946). En 1948 ingresó a Arquitectura en donde estudió hasta 1953 año en el que egresó, graduándose como arquitecto doce años después, en 1965. Su vida profesional se estructuró bajo el cobijo de Sixto Durán Ballén en ARQUIN, lo que le permitió producir arquitectura de múltiples escalas, incluyendo obras ganadoras del Premio Ornato de la ciudad, inclusive como egresado.

La vida profesional de Marcel Lajos Breuer tuvo un largo recorrido, desde estudiante, miembro del claustro de la Bauhaus y luego socio de Walter Gropius. El exilio por la persecución a judíos, primero Londres después a Estados Unidos en donde compartió oficina con Pier Luigi Nervi en donde vivió sus años de exploración del Brutalismo. Es el relato del periplo de una persona que se movió tanto físicamente como en la búsqueda creativa. De su etapa neoyorquina nace el teatro Begrisch Hall (1956-1961) del actual Bronx Community College, parte de un complejo mayor que incluye un edificio de servicios universitarios con un claro lenguaje brutalista. La obra de Breuer es una evidente referencia que Oswaldo de la Torre recoge para el proyecto de teatro y edificios de la Escuela Politécnica Nacional. Existen usos, escalas y formas que se repiten en el proyecto original del Húngaro y el posterior del Ecuatoriano, provocando una nueva forma de relación con los arquitectos de Europa Central, como referencia unilateral más que como interacción.

Oswaldo de la Torre trabajó entre los años 1957- 1958 en estudios de arquitectura de Estados Unidos, entre los que se encuentra el despacho neoyorquino Tippetts – Abbett – Mc. Carthy – Stratton. Los proyectos del Teatro Politécnico, la Facultad de Ingeniería Mecánica, el Edificio de Servicios son posteriores a este periplo norteamericano, lo que permite pronosticar la clara influencia de la obra de Breuer en el Bronx con el proyecto en Quito.

La asimilación del conjunto de la Escuela Politécnica a través del referente mencionado se inscribe dentro de una familia formal del brutalismo, un movimiento con el que De La Torre empatizó por el lenguaje constructivo que permitía cierto distanciamiento con la imagen artesanal de la arquitectura republicana de la ciudad.

El edificio del teatro Politécnico (al igual que el del Bronx) se inscribe en una forma de trapecio isósceles con la base mayor hacia arriba. Luego, este trapecio trunca su lado menor para generar dos grandes volados que se soportan en una base robusta que acoge los dos brazos en cantilever en donde se sitúan en un lado el escenario (que luego acoge un nuevo apoyo) y en el otro la bandeja del graderío para el público.

Begrisch Hall de Marcel Breuer vs.
Teatro Politécnico de Oswaldo de la Torre.

Edificios por Oswaldo de la Torre. Exterior e interior.
Fotografía Santiago de la Torre (Cusni)/

El escenario en el que el edificio se implantó en la d écada de 1960 era el de una ciudad con múltiples libertades espaciales, sobre todo en los campus universitarios del "eje de las universidades" que tejían los conjuntos de la Universidad Central, la Universidad Católica, la Universidad Salesiana y la Universidad Politécnica. Las últimas tres, anexas en un gran terreno sólo dedicado a estas tres instituciones, patrocinaron el apalancamiento profesional de distintos arquitectos: La Central tenía a

Gilberto Gatto Sobral y un grupo de estudiantes notables, la Católica a Sixto Durán Ballén y al equipo de ARQUIN que diseñó el edificio de servicios generales y la Politécnica contrató a Oswaldo De La Torre quien por su formación y tendencia tenía un corte más ingenieril.

Este conjunto de edificios que abarcan el Teatro, edificio administrativo, Facultad de Ingeniería Mecánica, encargados a De La Torre tienen un papel protagónico en el Campus hasta la actualidad, en donde la plasticidad y cierto carácter escultórico del hormigón armado han provocado un distanciamiento con nuevos edificios del conjunto. Una suerte de hitos singulares que representan de manera icónica a la Universidad.

En el proceso de resignificación del volumen brutalista, se le otorgó una connotación neo vernácula al edificio, entendiendo la forma como una "gran piedra esculpida, idea que evoca el origen precolombino de la ciudad, y a las construcciones prehispánicas coloniales" (Moya Peralta 2018) o el asentamiento del edificio en un gran (De la Torre 2021)basamento de piedra como una reminiscencia a las plazas del Centro Histórico que daba a entender en el proyecto una búsqueda del balance entre historia y progreso a través del uso dicotómico de la piedra en formatos artificial y natural.

El edificio de la Facultad de Ingeniería Mecánica (1965) es una barra de tres niveles recostada sobre las características columnas en "V" que permiten una planta libre a nivel de la calle. Los planos que inscriben el lado mayor del volumen tienen una modulación entre ventanas que generan una fachada compuesta de tres elementos: a) base a manera de antepecho, b) vano de ventana, y c) un prisma de entrepiso que recoge el dintel, la unión de la losa y el antepecho del piso superior en una sola pieza. Estos elementos se repiten en sentido horizontal y vertical creando una malla regular que permite el papel estructural de la fachada, permitiendo la independencia del grupo de 10 columnas en dos ejes que permiten una alta flexibilidad en su interior. El lenguaje del edificio y la forma también retrae con facilidad del proyecto de Breuer, aunque en el caso del proyecto quiteño estos dos edificios no se conectan por puentes ya que están alejados por al menos 100 metros y no tienen necesidad de relacionarse en una circulación exclusiva.

El edificio de servicios administrativos que alberga oficinas, aulas y auditorios se dispone en un edificio contiguo al teatro. Es un bloque de

12 pisos que se dispone en una planta de geometría romboidal dividida en el centro del lado más angosto por un bloque rígido que contiene la circulación vertical. Al igual que en la Facultad de Mecánica, se separa la parte baja del edificio, en este caso 3 pisos con las plantas superiores para marcar dinámicas y privacidades distintas de los usos. Este edificio también recoge la mayor transparencia de las fachadas en el lado más largo a través de un ritmo secuencial de elementos estructurales y ventanas de ventanas que le dan un carácter unitario al edificio y cierta familiaridad con el más pequeño de Mecánica.

Estas herramientas formales tienen un objetivo funcional, los tres edificios representan desde su morfología el uso, la importancia dentro del conjunto o la carga constructiva que contienen. El uso del sistema compositivo como una expresión funcional permite entender el discurso del arquitecto "El Teatro Politécnico… se caracteriza por expresar la función a través del volumen inclinado del gran auditorio el mismo que es enfatizado por la fuerte textura del hormigón visto…" Moreira, en (Del Pino 2004, 76)

Dentro de la asimilación formal de este conjunto de edificios hay una característica obligatoria para atreverse a formas como esta, tanto Breuer como De La Torre tienen una precisión notable que se refleja en el modo de encofrar las piezas estructurales. En el caso del ecuatoriano existen evidencias del diseño del encofrado como parte del proyecto, en el que las geometrías de las piezas, los detalles de texturas, cortes y acoples entre piezas funcionaban como un elemento cohesionado con la forma de la estructura, generando un pensamiento sincrónico entre el proyecto dibujado y el proyecto constructivo.

Otro rasgo de la asimilación del conjunto tiene que ver con la ausencia de decoración como un elemento secundario o adjunto en el proyecto. La propia plasticidad promovida por la nueva geometría del edificio del teatro hace incompatible la ornamentación. Sin embargo las formas brutalistas se distancian del racionalismo porque involucran intenciones escultóricas que configuran el espacio y una voluntad tridimensional en una cohesión entre la superficie ocupada, el volumen generado y el espacio contenido en sólido del teatro.

El proyecto es un ejemplo de la asimilación formal de un referente específico, ejecutado con una gran rigurosidad técnica, que es una marca del arquitecto Oswaldo De La Torre. Como su nieto Santiago menciona en su artículo "Los escalones del abuelo" (2021): "su meticulosidad e innovación en las tecnologías de la construcción, le valieron un gran renombre en la rama, por lo que durante muchos años fue el encargado de construir importantes obras de arquitectura moderna en Quito, las de diseño propio y las diseñadas por sus colegas." (De la Torre 2021, 157) .

La ejecución del teatro significó un salto tecnológico en la ciudad de Quito que permitió cierta liberación plástica y un conocimiento de sistemas constructivos que, gracias a De La Torre, potenciaron la obra de otros arquitectos brutalistas como Ovidio Wapestein, Milton Barragán o la obra de Semaica (Empresa Constructora Sevilla y Martinez fundada en 1960) que construyó muchas obras con una naturaleza inédita para Quito. Así también la alta calidad constructiva del Hotel Quito (1961), diseñado por Charles Mckirahan pero construido por De La Torre son muestras de esta hábil negociación del arquitecto entre obra y proyecto, característica que rige hasta la actualidad para los profesionales locales.

Detalle del Teatro de la Escuela Politécnica Nacional.
Foto: Néstor Llorca, 2017.

Escalera del Teatro Politécnico.
Foto: Santiago de la Torre, 2017.

Edificios de Marcel Breuer, en el conjunto del Bronx Community College

Edificios de Oswaldo de la Torre, en el conjunto de la Escuela Politécnica Nacional

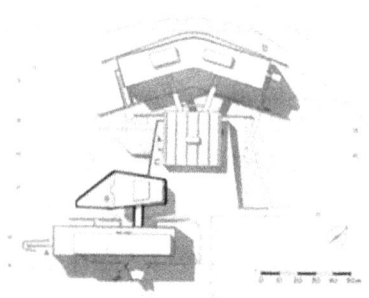
Begrisch Hall, implantación del conjunto

Teatro Politécnico, vista superior
© Rómulo Moya Peralta

Begrisch Hall Bronx, Volumen general

Teatro Politécnico y edificio de servicios.
Volumen general
©Rómulo Moya Peralta

Collage comparativo A. Bronx Community College vs. Teatro Politécnico.

Bronx Community College. Detalle de fachada

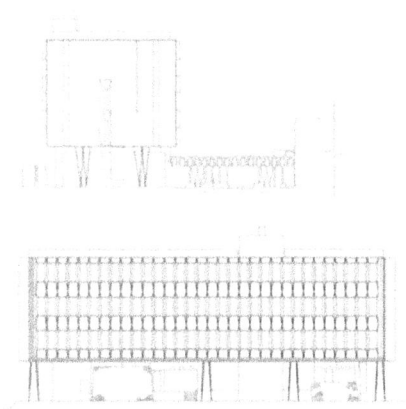
Facultad de Mecánica, fachadas este y sur

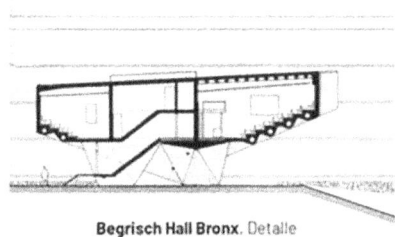
Begrisch Hall Bronx. Detalle

Teatro Politécnico. Detalle

Begrisch Hall Bronx. Detalle

Teatro Politécnico. Detalle

Collage comparativo B. Bronx Community College vs. Teatro Politécnico.

Códigos de asimilación constructiva

Edificio de vivienda Bellevue, Quito / Jaime Dávalos. 1956[1]

El papel del arquitecto Jaime Dávalos, junto con el de Karl Khon, Sixto Durán Ballén, Gatto Sobral y otros, es fundamental para entender esta transición racionalista de la arquitectura en Quito. En el año 2018 en un artículo biográfico de la arquitecta Evelia Peralta en el denominado "Dossier no 7" de la revista Trama se describe a Jaime Dávalos así:

> "su práctica se diferenció… en el sentido de romper el conformismo respecto de materiales y estructuras y superar la permanencia de estilos formales del pasado, desarrollando una conceptualización del programa arquitectónico, la función, la forma, el espacio, la estructura, con una visión racionalista que le permitió obtener mejores resultados expresivos y espaciales, considerando una herramienta fundamental en el trabajo de los materiales y una meta a alcanzar en las búsquedas estéticas" (Moreira, 1990, en Peralta, 2018).

El barrio de "La Mariscal" acoge el *Bellevue* como una pieza más en un catálogo heterogéneo de piezas arquitectónicas en el que conviven una gran diversidad de edificios, no traslapados desde capas históricas, sino como un palimpsesto urbano en el que los ejercicios de sobrescritura de construcciones generan un lenguaje heterodoxo y complejo. En esta nueva situación el carácter residencial del barrio se desvanece y se configura un nuevo perfil, que, como lo hizo el *Bellevue* hace décadas, busca en los nuevos edificios la altura, la innovación tecnológica y cierto aire cosmopolita. La obra de Jaime Dávalos se ve pequeña en dimensión frente a sus vecinos, pero sus proyectos fueron el germen de modernidad para una ciudad que siempre ha lidiado con la innovación desde cierta disonancia cognitiva entre la herencia y la contemporaneidad. En este panorama, los aportes de Dávalos son valientes, inteligentes y rigurosos.

---

[1] Una versión de este apartado fue publicada en el Catálogo Académico, Bienal Panamericana de Arquitectura de Quito. Llorca, N., Ordoñez, H. & Ferreras, "Edificio de viviendas Bellevue, Jaime Dávalos". Transformaciones. CAE. Pp. 300-305. Noviembre, 2020.

Terraza de la cuarta planta del edificio Bellevue.
Foto: Néstor Llorca, 2016

La llegada de la vivienda colectiva vertical a Quito

En la zona este del barrio "La Mariscal", en una cuadra que alberga una muestra sumamente heterogénea de edificaciones por su época, usos, sistemas constructivos, alturas, e inclusive valor del suelo, se encuentra el edificio de vivienda Bellevue (calle José Tamayo, 223-41) del arquitecto Jaime Dávalos Proaño (Quito, 1925). El edificio Bellevue fue diseñado y construido en la década de 1950, de tres pisos de altura, sostenido por muros portantes de ladrillo prensado, que alberga seis departamentos iguales y sus servicios.

El momento de creación del edificio de apartamentos Bellevue es un periodo de grandes cambios en la definición urbana de Quito, en la profesionalización de la arquitectura provocada por la gestación de la facultad de Arquitectura de la UCE y el surgimiento de una primera generación de arquitectos ecuatorianos que encontraron en Quito un laboratorio de experimentación, desde el discurso, los ensayos constructivos, tipológicos y estéticos. Un ejercicio heurístico en donde la arquitectura era cargada de un nuevo repertorio semiótico.

El edificio Bellevue es parte de los primeros ejemplos quiteños de vivienda vertical. Jaime Dávalos, graduado en la Universidad de Columbia, acompañó el efervescente discurso inédito para la ciudad, en el que las nuevas propuestas de tipologías de vivienda, por primera vez miraban hacia arriba, generando "plantas tipo", espacios de acceso, rellanos y circulación vertical. La propuesta de edificio en el momento de su diseño era nueva para la ciudad, reconfigurando la connotación de una casa, volviéndola un apartamento, extendiéndose hacia arriba y dándole un tinte cosmopolita.

Este requisito vertical dio paso a nuevos recursos compositivos de envolventes para un conjunto de departamentos, que aunque estaban diferenciados en sus plantas hacia la fachada se convertían en un solo elemento, buscando un papel urbano y moderno. En esta década surgen varios ejemplos de estas nuevas construcciones verticales de la ciudad: la Residencia Estudiantil de la UCE (Arias, Gatto S.), el Hotel Quito (Mckirahan), los "casales" de Duran Ballén, el edificio Casabaca (Etwanick), la casa Chonta del mismo Dávalos y otros.

Sala del departamento oeste de la cuarta planta del edificio Bellevue. Foto: Néstor Llorca, 2016

El racionalismo versionado

Esta búsqueda de lo vertical, en el caso del Bellevue albergó códigos modernos versionados desde las viviendas precedentes en Quito. La oferta previa a los departamentos eran las casas unifamiliares con jardín o patio en el mismo barrio de "La Mariscal". Dávalos tradujo inteligentemente ciertos recursos de la vivienda individual anterior, llevándolos al conjunto: a) una superficie por departamento cercana a los 200 m2, b) una clara diferenciación de zonas de habitación, de vida común y de cocina y servicio, c) la utilización de varias terrazas caracterizadas por el espacio contiguo, d) una espacialidad interior de percepción horizontal que achataba la sensación vertical natural de un edificio, y e) una disposición de los departamentos en tres frentes, iluminando con fuerza los espacios y con vistas enmarcadas. Esta inserción de elementos residenciales conocidos por los quiteños, permitieron una efectiva aceptación del proyecto.

Edificio Bellevue en el año 1956.

Sin embargo el edificio también es un reflejo de un contexto internacional hegemónico de mediados de siglo XX, el racionalismo. Sin duda la formación neoyorquina de Dávalos le llenó de nuevas ideas que necesitaban una asimilación quiteña, y que, como en muchos casos de la historia local, esta traducción reflejaba imágenes, estilos de vida y paradigmas que en el momento de anidar en un territorio más austero, menos especializado y menos cosmopolita, requerían una reinterpretación. En el caso del Bellevue las reglas racionalistas se observan en la limpieza de los planos de fachada, el protagonismo de la estructura como el configurador de forma y función y la clara diferenciación de los espacios por categorías de público o privado, abierto o cerrado, o inclusive en los accesos en tres roles: el propietario, el servicio y el auto.

Durante las primeras décadas de existencia del edificio, y por tanto desde su gestación, el proyecto tuvo un papel urbano uniendo la calle José Tamayo en su frente este y el final de la cuchara en el pasaje Córdova, generando un tramo peatonal dentro del predio del edificio pero con una vocación pública. En una ciudad como Quito que en la actualidad está llena de muros altos, guardias privados en las recepciones, tarjetas magnéticas de acceso y en el que se privilegia el "conjunto habitacional" cerrado, ceder espacio privado para el uso público parecería un acto radical. Ahora el edificio ya no permite el paso y, como sus vecinos, tiene muros altos y puertas cerradas.

La decisión sobre el sistema constructivo es una de las estrategias más destacables, en un momento en el que el hormigón armado aún no era dominado por constructores ni de uso generalizado en las viviendas, que se asociaban con paredes gruesas y confinadas. Jaime Dávalos decidió utilizar un sistema de muros portantes de ladrillo prensado (recubierto) sin columnas, en un sistema *"no-fines"* es decir sin agregados finos (arena) como soporte de los tres pisos, pero también como configurador espacial.

Esta decisión ha permitido que los departamentos y sus áreas comunes permanezcan casi intactas más de medio siglo después, permitiendo también la aceptación social del uso de vivienda en un edificio, ya que, así como el discurso espacial, esta decisión constructiva mantenía una imagen doméstica y segura, asociada a muros de gran espesor, perfiles de madera, una gran chimenea y cielos rasos de estructura de caña cargados con estuco blanco. El proyecto propone una nueva forma de vivienda, sin embargo, retrae influencias de la arquitectura tradicional, adaptada desde la materialidad, el espacio, los recursos, las dinámicas sociales, y la relación con el sol quiteño que es radicalmente distinto que el de una zona de cuatro estaciones.

El Bellevue es ejemplo de la búsqueda del racionalismo para encontrar cierta universalidad desde las formas simples, hacia la calle, el cuadrado con inserciones de ritmo controlado y una búsqueda del equilibrio por simetría, que Dávalos repetirá en la casa Chonta (avenida Colón y Plácido Caamaño, esquina), ahora cubierta con colores estridentes; y de una filiación con lo funcionalista hacia el interior, en una distribución de espacios proporcionada de una manera muy controlada, geométrica y ortogonal, que empata eficientemente con el sistema constructivo. Sin embargo, es un edificio macizo, con una voluntad de modernidad, que no es consecuencia del sistema constructivo moderno (dominó), sino de una búsqueda premeditada de un espacio racional, horizontal, sin adornos, artesanías o elementos folclóricos.

Ingreso al departamento oeste de la cuarta planta del edificio Bellevue. Foto: Néstor Llorca, 2016

El proyecto de arquitectura como laboratorio

El edificio Bellevue se caracteriza por una fuerte carga experimental. Esto no es particular de la forma de trabajar de Jaime Dávalos, sino propia de la generación de arquitectos en Quito de mediados de siglo. Son múltiples los ejercicios empíricos para conseguir asimilar códigos estilísticos, formales, tipológicos y estéticos que eran dominadores del discurso global, que, en cuanto se asentaban en la ciudad tenían que acoplarse a recursos limitados, normalmente cediendo en tamaño, cambiando su escala hacia elementos más pequeños que sus referentes o reinventando componentes por requisitos económicos, tecnológicos o conceptuales. Estas limitaciones en lugar de ser restrictivas se convirtieron en herramientas de un discurso creativo y singular que enriquecieron el catálogo proyectual de estos arquitectos.

En esta situación es importante entender el papel de Jaime Dávalos, que en la misma década en la que realizó el edificio, fue el primer decano de la Facultad de Arquitectura y Urbanismo de la UCE (1959-1961) y miembro fundador y primer presidente del Colegio de Arquitectos de Pichincha (1962-1965). Ésta era una época en la que el grupo de arquitectos en Quito era pequeño y comunitario, los ensayos proyectuales, constructivos y teóricos eran discutidos de manera colectiva y por lo tanto permitían también una perfeccionamiento entre proyectos de distintos autores pero de conocimientos fusionados. En estas dinámicas tanto la Facultad como el Colegio eran los espacios más fértiles para la discusión de las nuevas propuestas.

El edificio sirvió como un laboratorio de experimentos espaciales, constructivos y tipológicos, en el que Dávalos propuso instrumentos de proyecto para conseguir traer un discurso moderno a la ciudad de Quito. El Bellevue es un resultado claro de los esfuerzos creativos en la búsqueda de una arquitectura contemporánea. Esta metodología de trabajo busca la afinidad con el tiempo, los ajustes y la evolución. Es dinámica, meditada y prospectiva, y desde esa óptica el edificio ahora, el más pequeño de su calle sigue entregando lecciones de actualidad.

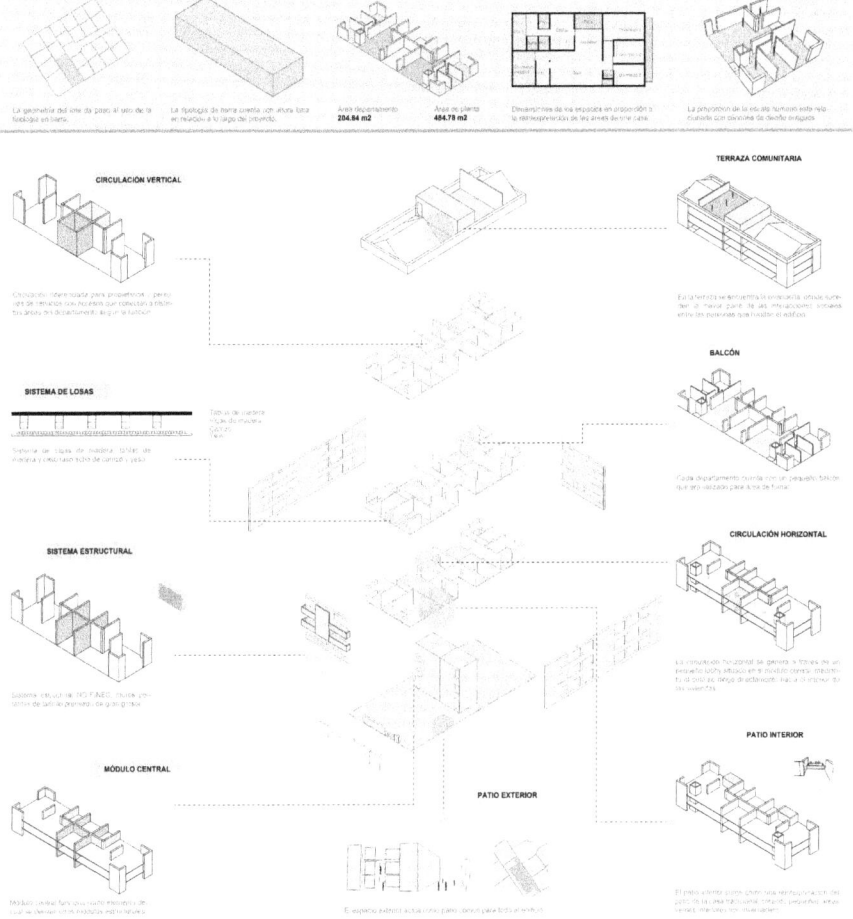

Análisis de relaciones entre el edificio Bellevue y el exterior.
Elaborado por Ana Belén Cabezas, dirigido por Néstor Llorca, 2020.

ESPACIOS DE RELACIÓN EXTERIOR

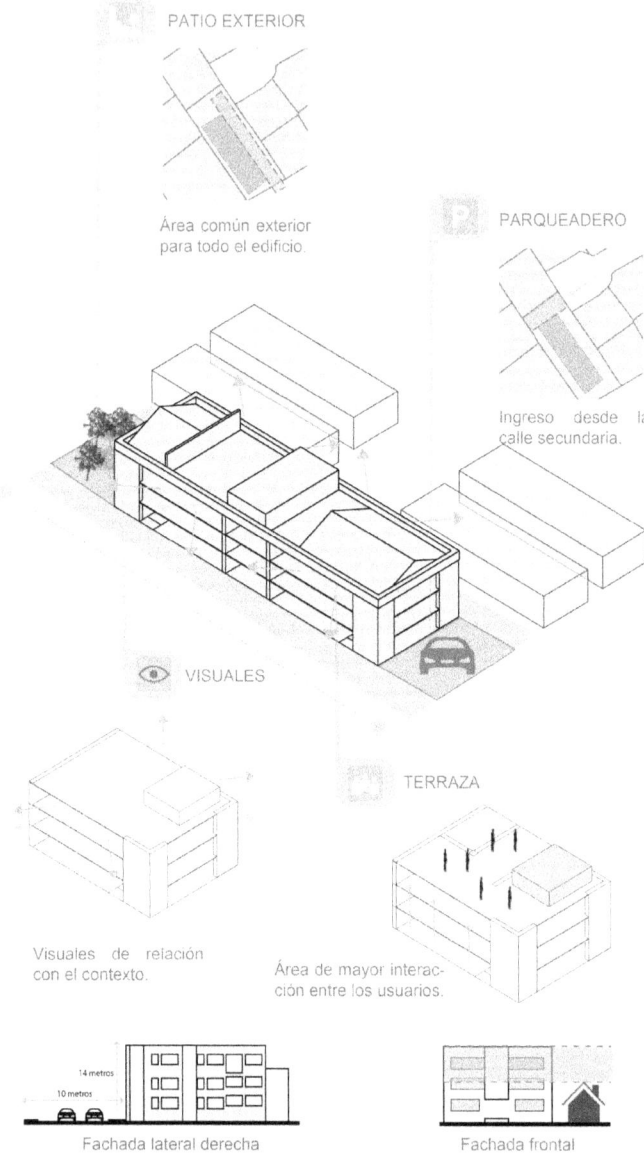

Análisis de relaciones entre el edificio Bellevue y el exterior.
Elaborado por Ana Belén Cabezas, dirigido por Néstor Llorca. 2020

CÓDIGOS DE ASIMILACIÓN TIPOLÓGICA

Residencia Estudiantil de la Universidad Central del Ecuador. Mario Arias, Homero Larenas y Gilberto Gatto Sobral. 1959. Ciudadela Universitaria UCE, Quito.

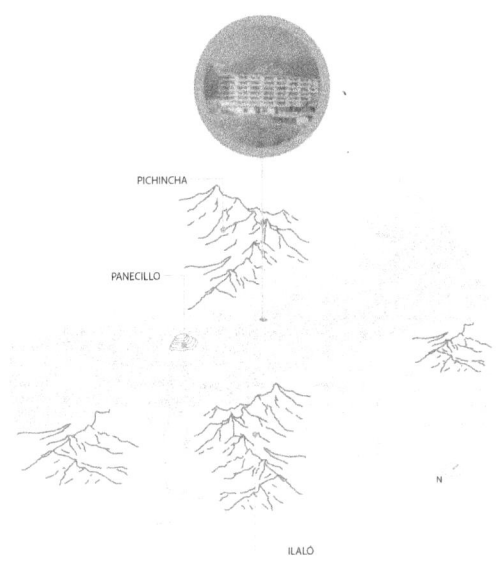

Ubicación de la Residencia Estudiantil de la Universidad Central del Ecuador.

Las tipologías son una marca clara del Movimiento Moderno; son familias morfológicas, funcionales o estructurales que generaron una serie de familias de edificios provocados por una tendencia de búsqueda de referentes. Uno de los arquetipos más relevantes es el de la *Unité d'Habitation* de Le Corbusier (Marsella, 1952) que se reprodujo en una amplia serie de versiones a lo largo del mundo. En el caso de Quito, la versión de la Unité es la Residencia Estudiantil de la Universidad Central (1959) diseñada por Mario Árias Salazar bajo el cobijo del uruguayo Gilberto Gatto Sobral, quien era Director del Departamento de Construcciones en la UCE en esa época.

Fachada oeste de la Residencia Estudiantil de la UCE. Foto: C. Luna, 2019.

Una particularidad de la época es la autoría de las tipologías a través de proyectos singulares. La *Unité* d'*Habitation (Le Corbusier)* tiene un claro precursor, así como las casas con patio (Mies Van Der Rohe), Los *Robin Hood Gardens* (Alison y Peter Smithson), Bauhaus en Dessau (Walter Gropius), las *Case Study Houses* (VV.AA.), etc. Todas fomentaron la idea de tipo en arquitectura y fueron asociadas a un autor específico, potenciando la figura de los arquitectos en un rol editorial, formulando reglas, manifiestos espaciales y un compendio de restricciones estéticas y compositivas que se difundieron con relativa rapidez y sincroniz ación a nivel global.

Estos repertorios tuvieron múltiples formatos de asimilación, sin embargo, en el caso de estas familias tipológicas, la de la *Unité d`Habitation* fue enormemente fértil en su reproducción. Edificios dedicados a la vivienda, (no solamente de estudiantes universitarios) que albergaban un espacio diferenciado de acceso resaltado por los grandes *pilotis* en forma de "V", la clara definición de los espacios dedicados a la circulación vertical y pasillos centrales conectores, las "unidades" estrictamente moduladas tanto en sus espacios como en su mobiliario. Asimismo, están el remate en una terraza que promocionaba los espacios comunales, la propuesta de la vida colectiva como alegato para conseguir un edificio de grandes dimensiones y la reconocida forma en tres fases en sección, planta baja, plantas de vivienda y terraza. Esto permitía una lectura clara de estas distintas intimidades de los espacios desde lo vertical, interponiendo las viviendas entre jardines de planta baja y terraza jardín, mecanismos que se replicaron en múltiples ocasiones. (Monard, Arquitectura moderna de Quito, 1954-1960. Tesis doctoral 2020)

Caja de escalera, Residencia Estudiantil UCE. Foto: C. Luna, 2019

Detalle de la caja de escaleras de la Residencia Estudiantil de la UCE. Foto: C. Luna, 2019.

El edificio quiteño no alcanza las 18 plantas como el marsellés sino 7, pero está implantado en una parte alta de la loma de la "Ciudadela Universitaria" que permite distinguir el edificio desde varios puntos de la ciudad. Fue promovido en el plan de construcciones de la Universidad Central dentro de las obras planificadas en la organización de la "XI

Conferencia Interamericana de Cancilleres de 1959", un evento que, aunque nunca se llevó a cabo, marcó un momento clave en la arquitectura de la ciudad y en el uso de las construcciones como un artefacto político. La tesis de Shayarina Monard "Arquitectura Moderna de Quito, 1954-1960" de la UPC (2020) explica con muchísimo rigor y lucidez este período específico de la arquitectura quiteña, desde un enfoque que Monard denomina un "discurso teórico-crítico".

La versión quiteña no solamente se acomodó en tamaño, sino también en significación cultural. En un primer momento el proyecto (1956), fruto de un concurso de la Escuela de Arquitectura diseñado por el arquitecto Gatto Sobral y los estudiantes Mario Árias y Homero Larenas, se planeaba en tres bloques: uno para hombres, otro para mujeres y otro para aspectos "psicológicos, sociales" que promovían una "vida higiénica" (Monard, Arquitectura moderna de Quito, 1954-1960. Tesis doctoral 2020, 334). Por lo tanto, la propuesta más cosmopolita de la residencia inicial se disolvió para conciliar una visión conservadora. La versión modificada del edificio, firmada por Gatto Sobral, pero atribuída a Árias (quien se refería más al pabellón Suizo de Le Corbusier - 1932 como referencia), incluía los tres bloques de los cuales solo se construyó uno: el de dormitorios de hombres para 450 personas.

El hecho de que solo sea para uso masculino también es una señal de la época; en el caso de arquitectura, la primera estudiante mujer, Julia Albuja ingresó en 1952 a la carrera pero no se graduó y la primera mujer graduada, Cecilia Rosales, lo hizo en 1967 (Rosero, Freire y Llorca 2021, 131). Lo que se replicaba en varias carreras, demostrando que la universidad de ese entonces era claramente masculina.

La cancelación de la XI Conferencia implicó un gran obstáculo para terminar varios edificios con la calidad con la que fueron proyectados. Sin Conferencia se redujeron presupuestos, se restringió el número de edificios a construir y se desalentó el discurso que asociaba el posicionamiento de Quito "Centro del Mundo" con el progreso de la Arquitectura Moderna. El edificio en su versión reducida a un bloque, se inauguró aún sin terminar en 1960 y entró en funcionamiento en 1961. (Monard, Arquitectura moderna de Quito, 1954-1960. Tesis doctoral 2020, 340). En el discurso del rector de la UCE, Dr. Alfredo Pérez Guerrero, para la inauguración del edificio promovió el mensaje higienista que la residencia procuraba:

Maqueta de la segunda y tercera etapas de la Residencia Estudiantil de la UCE. El Comercio,
martes 2 de octubre de 1956, p.14.

"La vivienda estudiantil significa una ayuda material, una habitación limpia y decentemente amueblada, con alimentación sana y científicamente balanceada, con las comodidades de los medios adecuadamente organizados, pero sobre todo significa el espíritu de convivencia entre centenares de jóvenes, el sentido de autodisciplina indispensables para la vida común; la formación de vínculos espirituales y de afecto, le prevalencia de esas grandes virtudes humanas, tan olvidadas actualmente, amistad, bondad, fraternidad" (El Comercio, 23 de marzo de 1960:5) En (Monard, 2020, 334)

Residencia Estudiantil de la UCE. El Comercio, martes 1 de diciembre de 1959, p.18.

Placa inaugural: "16 de marzo de 1960. Inauguración de la Residencia Estudiantil. Rectorado del Sr. Alfredo Pérez Guerrero. Planificador (...) Arqto. Gilberto Gatto Sobral. Foto: N.Llorca, 2016.

Esta condición de inacabada del proyecto permanece hasta la actualidad. El edificio ha cambiado varias veces de uso y ocupación. Pocos años después de la inauguración de la Residencia, la UCE fue clausurada en tres ocasiones por la Junta Militar de Gobierno, entre 1964 y 1966. (Rosero y Luna, 2019, 31) en un momento en el que las Universidades no podían defender sus campus como espacio autónomo. Luego la conversión de la Universidad en "Centro de Concentración" en la quinta presidencia de José María Velasco Ibarra o el terremoto de 1987 que promovió un discurso de afectación estructural (no evidenciada en informes) del edificio, provocando un abandono de cerca de una década en la que tuvo la ocupación de los "Chinos"[2] y el actual uso de "Hospital del Día" e "Instituto de investigación en zoonosis" (CIZ) han borrado de la memoria de los ciudadanos el objetivo de la residencia o la fortaleza del discurso espacial propio de la tipología.

Columna en "V" de la Residencia Estudiantil de la UCE.
Foto: Carolina Luna, 2019.

Detalle de escalera exterior de la Residencia Estudiantil de la UCE. Foto: C. Luna, 2019.

---

[2] Denominación popular para los representantes de la Federación de Estudiantes de la Universidad Central FEUE con discurso Comunista.

Las escalas de contextualización del Movimiento Moderno en la Residencia de la UCE.

Desde el edificio, Mario Arías propuso una búsqueda de resignificaciones de los lenguajes formales relacionados a la habitación desde al menos tres escalas:

1) Una de la habitación doble con un baño compartido en la que surge la primera comunidad;

2) Luego, una disposición de la circulación en la planta a manera de cruz en la que los dos largos pasillos que distribuyen las habitaciones en sentido longitudinal se encuentran en el centro, creando un pequeño hall que junta las 40 habitaciones por planta, que luego se bifurca hacia un puente que separa el bloque principal del bloque de escaleras y ascensor, en donde ocurre la segunda comunidad, y

3) Una tercera de conexión vertical que sucede en dos direcciones, una hacia arriba en la terraza, mucho más modesta que la de Marsella pero que permite un paisaje de 180 grados sobre la meseta central de la ciudad y las montañas de la cordillera de los Andes; y, otra hacia abajo que desde la planta baja se incorpora al circuito de edificios, facultades, caminos y plazas de la Ciudadela Universitaria.

Terraza esquinera de la Residencia Estudiantil de la UCE. Foto: C. Luna, 2019.

Imagen 82: Balcón de la Residencia Estudiantil de la UCE. Foto: C. Luna, 2019

Desde esta estrategia, la propuesta de una vocación cosmopolita del edificio como instrucción de la raíz de la tipología es conseguida de una manera formidable. Esta forma de organizar el espacio a partir de intenciones tridimensionales en la búsqueda de perspectivas y escalas frente al habitante, el campus de la universidad y el paisaje más amplio permiten entender un papel urbano del edificio.

En un afán de contextualización hacia la condición más folclórica o barroca de la idiosincrasia quiteña, Arias cambia las largas policromías de los antepechos que soportan las ventanas corridas tipo Chicago por una cerámica en mosaico de un tono marrón claro y una malla de cristales de colores con forma romboidal que definen el volumen del puente entre el bloque central y el de gradas, versionando el uso de colores y texturas de una manera más heterodoxa.

El edificio mantiene una tensión premeditada con el contexto inmediato, por lo que se rodea de espacios abiertos alrededor: estacionamiento, calle interna, un pequeño bosque o un talud que salva la cota con los edificios vecinos al este y oeste. El único vínculo construido es el de un puente que conecta en segunda planta a un edificio menor que alude al bloque "de servicios psicológicos" de la propuesta de 1956, que actúa de manera de cubierta para marcar el acceso principal.

Moisaicos y texturas, Residencia Estudiantil UCE. Foto: C. Luna, 2019.

Detalle de hall de ingreso al actual "Hospital del Día". Foto: C.Luna, 2019.

En la actualidad toda la planta baja ha sido transformada, en un afán de "optimizar" el espacio construido se construyeron paredes en la planta libre a nivel de la calle creando una variedad de locales anónimos como pequeñas oficinas, estacionamientos o bodegas, destruyendo el vínculo de la planta libre propio de la tipología. Ya no queda ninguna habitación habilitada como residencia y los espacios de socialización intermedia de cada planta se cerraron con paneles divisores, salas de espera, o escritorios de recepción, volviendo a los lugares de encuentro espacios hostiles y anodinos. Para rematar, una serie de intervenciones demuestran la ignorancia sobre la potencialidad del edificio. El último piso se encuentra deshabilitado y la terraza cerrada con una puerta metálica y un candado intencionalmente grande, lo que convierte a la acción de acceder al paisaje que se consigue desde la vista de la última planta un acto subversivo a manera de una conquista revolucionaria.

En la actualidad es un edificio que sigue estando en un lugar privilegiado de la Ciudadela Universitaria y de la Ciudad, que es el más claro ejemplo de las tipologías de Unidades de Habitación y que tiene unas condiciones espaciales de un alto confort. Pero, por otro lado tiene un muy bajo mantenimiento, varios añadidos burdos que podrían revertirse sin afectar la forma original y un uso de servicios de salud e investigación acomodado a la fuerza que no aprovechan la totalidad de la superficie disponible, mientras una de las universidades más grandes del país que acoge alumnos y profesores de todo el territorio nacional no tiene una residencia para este efecto.

Solo a manera de comparación muestro al edificio de la Residencia quiteña con un proyecto contemporáneo de un ejercicio similar de asimilación: la residencia de Oscar Niemeyer en Hansaviertel (1958) que gracias a la valorización tanto del complejo urbano de la IBA 57, como el reconocimiento del brasilero ha permitido el mantenimiento del edificio 70 años después. No pretendo decir que Arias y Niemeyer o sus edificios son lo mismo, pero sí de la capacidad positiva que tiene la aceptación cultural de una tipología.

La forma en la que documentamos y organizamos los edificios del Movimiento Moderno en la ciudad de Quito no permiten reconocer con facilidad u objetividad los códigos espaciales que le dan valor a la arquitectura o que pueden dar lineamientos para la intervención en clave contemporánea. El edificio de la Residencia Estudiantil podría resolver asuntos urgentes para la vida universitaria de la UCE si quienes toman las decisiones sobre su uso la miraran con un lente sin prejuicios de la pesada carga histórica que el edificio trae a cuestas.

Vista aérea de la Ciudadela Universitaria, 22 de junio de 1963. USAF. Cortesía del comando G. del Ejército, Instituto Geográfico Militar, Departamento de Fotografía Aérea.

Residencia Estudiantil de la UCE. L'Architecture d'Aujourd' Hui. No. 123, diciembre 1965 - enero 1966, p.13

Habitación tipo de la Residencia Estudiantil de la UCE en estado de abandono.
Fotos: C. Luna, 2019. Edición: N.LL.

Corredor interior de la Residencia Estudiantil de la UCE en estado de abandono.
Fotos: C. Luna, 2019. Edición: N.LL.

CÓDIGOS DE ASIMILACIÓN DEL CONTEXTO

Casa Kohn-Schiller
Autor: Karl Kohn, 1949

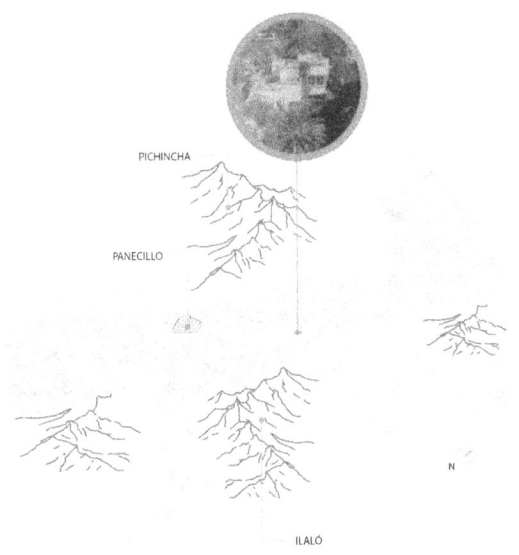

Ubicación de la Casa Kohn en Quito.

La casa Kohn tiene una condición particular que de alguna manera recoge los códigos de asimilación de otros proyectos: lo constructivo, lo formal, lo tipológico o lo simbólico, pero visionado desde el ojo extranjero. Desde muchas maneras es el ejemplo de hibridación más lúcido y original de los proyectos estudiados, no solamente por su calidad espacial y estética sino por el discurso que Kohn planteó en la casa en la que rompió los paradigmas clásicos de la vivienda quiteña, convirtiendo a la "Casa Kohn" (premio Ornato de 1952) en una bandera de vanguardia, y a través de esta especie de epifanía, generó una dialéctica entre el estereotipo local de la casa patio y la casa moderna.

El clima de Quito, templado con una temperatura media de 14°C y una oscilación de +/- 5 °C no representaba un factor para utilizar mecanismos de climatización drásticos. No hacía falta preparar una edificación con materiales de alta inercia térmica o un desaventajado asoleamiento natural en invierno. La topografía de Quito sin embargo complejizaba los proyectos; las plataformas aterrazadas que obedecían a pendientes inclinadas generaban una proporción esbelta de las viviendas. Esta lección no siempre fue fácil de aprender, inclusive el propio Kohn intentó proyectar un Centro Administrativo para Quito en 1940 que contradecía la complicada morfología de la actual avenida 24 de Mayo[3]. A lo largo del desarrollo profesional de Kohn esta relación con la topografía se convirtió en una de las estrategias más eficientes para anidar sus proyectos en el contexto andino.

Recibidor y puerta de ingreso de la Casa Kohn. Foto: Néstor Llorca, 2016.

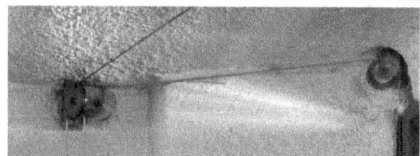

Mecanismo de poleas para apertura de la puerta del estacionamiento de la Casa Kohn. Fotos: Néstor Llorca, 2016.

[3] En 1940, la primera propuesta que presentó fue la de un centro administrativo que contenía los Palacios Presidencial y Legislativo, varios Ministerios a través de una gran avenida, sobre una plataforma que aparenta un gran terraplén acorralado de escalones.

La sociedad quiteña de la primera parte del siglo XX tenía un gran apetito por las muestras de modernidad, pero desde un sesgo conservador. Es decir, premiaba la innovación siempre que no pusiera en conflicto el *status quo* de la población más acomodada. La postura de estos grupos no era chauvinista, ya que los mismos valores culturales que definían la noción de patria estaban en conflicto, sino que era endogámica, protegía los privilegios de las poblaciones más acomodadas desde los tiempos latifundistas[4]. Para estos objetivos, la llegada de profesionales extranjeros fue muy útil, ya que conjugaba la capacidad de innovación sin poner en duda los estratos sociales.

Con facilidad, los llegados promocionaron su nombre y cobraron prestigio en Quito. Eran necesitados como arquitectos, consultores, profesores y técnicos. Sin embargo, los nuevos conocimientos europeos que aportaban no eran ni mediterráneos, ni coloniales y peor llenos de romanticismo; de un exiliado de guerra se podía recibir poco romanticismo. Eran personajes sensatos, fruto de una escuela racionalista, más herederos de Adolf Loos que de Victor Horta. En esa lógica aprendieron a escuchar y aprender de Quito y sus habitantes. No definieron una arquitectura, sino que consiguieron cierta determinación de posturas arquitectónicas externas, que les permitían la solución elocuente de problemas particulares de la ciudad. Se nutrieron de los conocimientos de artesanos para alternar el uso del hormigón y el cemento (que eran caros y con pocos entendidos), por la tierra, la cangahua y el chocoto. Kohn entendió esta necesidad de mezclar conocimientos:

> "Continuamente, replantea su postura ante el uso de materiales y tecnologías, así, el uso de la piedra para el revestimiento y estructuración adquiere un sabor local, diferente al que tienen sus trabajos – con el mismo material- en Checoslovaquia" (Monard,2009, p110).

---

[4] "Una confluencia de causas externas e internas, alentadas por la aplicación de las reformas borbónicas, definieron lo que en términos generales se ha llamado "crisis de los 1700". Así se delineó un nuevo "pacto colonial", cuyas consecuencias, sobre todo en nuestro país, pueden ser catalogadas entre las grandes transformaciones de su historia. Con la recesión textil, la explotación agrícola cobró gran importancia. De este modo se acentuó el proceso de consolidación del latifundio como eje de todo el sistema económico, que se dio en buena parte a costa de las propiedades de las comunidades indígenas, a quienes se compró en forma forzada o simplemente se les despojó de la tierra" (Ayala Mora, 2008, p51)

Para el tiempo en el que Kohn diseña (1949) y construye (1950-51) su casa, había cumplido 55 años de edad y llevaba 10 en Ecuador. Era un personaje reconocido en la naciente academia quiteña como profesor de la Universidad Central y tenía varios proyectos de muy buena factura en la ciudad. Esto le permitió no solo la solvencia económica para implantar su casa en una zona privilegiada hasta la fecha, sino de permitirse múltiples ejercicios constructivos y espaciales que sintetizaban una década de aprendizaje del contexto quiteño en las que proyectó un considerable número de viviendas.

La casa albergó a una familia de cuatro: Karl y Vera (padres) y Tanya y Katya (hijas). Era un espacio que conciliaba la nostalgia de su país natal y su país de acogida. Del primero, la huída por la persecución de la Segunda Guerra Mundial produjo que Kohn renuncie a propiedades, recursos y riquezas, conservando como un preciado menaje que trajo a Ecuador los muebles de madera curvada que fueron su regalo de bodas. Este tipo de muebles eran una herencia estética de la monarquía de los Habsburgo y se popularizaron en el siglo XIX bajo la marca de Michael Thonet. A inicios de 1900 tenía productores en República Checa. La pareja Kohn-Schiller decidió traer estos muebles hasta el Ecuador.

De su ciudad anfitriona Kohn reconoció su condición (escenario, tejido y noción de escasez) y situación (contexto, anidación y dicotomía entre indigenismo y colonialismo) como herramientas para crear un nuevo repertorio de espacios domésticos. Kohn otorga códigos inéditos de la relación con el paisaje, la geometría de volúmenes, la introducción de elementos mecánicos en un subsistema constructivo y sobre todo las intimidades y privacidades de los espacios de las habitaciones, cambiando el sistema de control de accesos por el de libertad de flujos.

Sobre la casa y el paisaje, el proyecto de dos plantas sobre el nivel natural del terreno genera dos relaciones marcadas. La primera es la generación de múltiples espacios de transición interior-exterior como terrazas, foyer, accesos abiertos y cubiertos, jardines internos y externos que rodeaban todo el perímetro del edificio, diluyendo los límites del espacio cerrado a través de mamparas, puertas corredizas, plataformas y escaleras que crean un recorrido periférico de los espacios en una intensa relación entre la naturaleza y las habitaciones. La otra relación es con el paisaje más lejano, el de las montañas y la plataforma más baja de la ciudad. Ésta sólo puede ser percibida desde la segunda planta dedicada al "*atelier*" que Kohn utilizaba como despacho. Desde aquí se puede observar sin ser visto y utiliza los árboles del jardín como un velo que encuadra el paisaje lejano, fundiendo el follaje y la montaña en un solo verde.

Vista suroeste de la Casa Kohn; Néstor Llorca en segundo plano. Foto: Verónica Rosero, 2016.

Sobre los volúmenes que configuran la casa hay una notoria decisión de diferenciar el elemento principal que alberga el atelier en planta alta y la sala en planta baja en un prisma de base rectangular que en la mitad del lado menor orientado al sur crea un arco de curva negativa al exterior. Este especie de pentágono al extruirse verticalmente remata en una arista con mayor altura que las otras cuatro, creando una punta que le da una altura imponente a la entrada de la casa, pero que gradualmente va descendiendo en tres escalones hacia el norte, acompañando la cubierta en una sola agua.

La forma de la casa es el resultado visible de un metalenguaje que organiza de manera tangible materia, vacío, actividad y privacidades domésticas a través de un sistema de jerarquías en la toma de decisiones espaciales. Este efecto reduce la escala de la casa hacia las habitaciones de las hijas y padres, dándole un ambiente más íntimo a la fachada norte. Estas operaciones espaciales se inscriben en una planta ortogonal en sus habitaciones perimetrales que solamente giran o se curvan para provocar los espacios de conexión con el exterior, pero que liberan el centro de la planta en donde se disponen los muebles traídos de Praga.

Estos muebles son fundamentales para la casa, no solamente por el valor afectivo sino porque fueron el germen del diseño a nivel funcional: el salón central acoge sofás, mesa de comedor, sillas de descanso y el piano. Una vez dispuestos en el diseño sin las restricciones de las paredes, generaron la distribución de áreas contiguas, habitaciones y plataformas de los niveles que continúan al exterior; de alguna manera el primer 'habitante' de la casa fueron los muebles y la carga que representaban en la historia de la familia. Fue este amplio menaje el que proporcionó los espacios y fomentó un lenguaje conjunto entre la arquitectura y el mobiliario creando una especie de familias espaciales de una altísima especialización funcional. Muebles como el armario de condimentos en la cocina, la cajonera para guardar los planos, la puerta de entrada con un enchape de madera "triplex" o el mueble para maquillarse son muestras de un diseño excepcional que cobran mucho más sentido cuando se evidencia que están proyectados para calzar exclusivamente en la habitación en la que están dispuestos.

Esta especificación de los espacios a través de su relación con el mobiliario generó una lógica de sofisticación de los lugares con atributos técnicos, en un sentido inverso al de los muebles checos que eran los que generaban instrucciones al espacio. En este segundo caso, Kohn creó una serie de muebles y mecanismos *ad-hoc* para cumplir de manera más eficiente ciertos procesos de naturaleza móvil. Las soluciones formales se convirtieron en soluciones constructivas. El caso más característico es el del sistema de poleas que permite abrir la puerta del estacionamiento, pero también existen artefactos en la cocina, algunas lámparas o en el despacho. Una suerte de elementos maquinistas que en la actualidad se entenderían como una baja tecnología pero que en su momento fueron inéditos para la ciudad. Su estética y propósito recuerdan un poco a la "Villa Arpei" de la película "*Mon oncle*" de Jaques Tati (1958), pero llevadas a cabo con una rigurosidad admirable, que le dan naturalidad a los espacios que incorporan estos dispositivos.

Sala y comedor de la Casa Kohn con los muebles traídos de República Checa. Retrato al óleo de Vera Schiller de Kohn al fondo.
Foto: Néstor Llorca, 2016.

Sala e ingreso a cocina de la Casa Kohn. Pieza decorativa de madera tallada en la columna, enchapada en madera, en primer plano.
Foto: Verónica Rosero, 2016.

Muebles en una de las habitaciones de la Casa Kohn.
Foto: Néstor Llorca, 2016.

En la Casa Kohn los muebles empotrados, los cuadros y el
mobiliario en general son parte fundamental de la
configuración de la casa. Fotos: V. Rosero, 2016.

Kohn además usó su casa como una especie de museo del círculo cultural de la época, en una búsqueda de singularidad desde las formas escultóricas relacionadas a la connotación del espacio doméstico andino. Como el busto de Oswaldo Guayasamín que marca el espacio de acceso. El valor artístico de la artesanía, que había sido promovido por Benjamín Carrión como parte de su campaña en la Casa de la Cultura Ecuatoriana. Creó mixtura de la forma moderna, las soluciones tecnológicas con los modos de uso tradicionales y la relación con el paisaje natural en donde se integra lo popular con lo moderno y lo vernáculo con lo mecánico.

La vegetación al interior de la Casa Kohn, un límite difuso entre interior y exterior. Fotos: Verónica Rosero, 2016.

El aporte más radical que la casa presentó a la cultura quiteña de los 1950 no es lo formal, paisajístico, mecánico o funcional, sino lo social. En una sociedad conservadora que restringía derechos, accesos a educación, servicios o toma de decisiones a una pequeña porción de la población, Kohn fue un disruptor que apostó por un cambio tipológico y su implicación en el sistema de control.

Detalles de la Casa Kohn. Escalera hacia la segunda planta, escultura en piedra por Oswaldo Guayasamín en el ingreso principal y fuente de agua en el jardín. Fotos: Verónica Rosero, 2016.

La vivienda tradicional quiteña es la casa patio, que se configura de adentro hacia afuera no sólo desde la comunicación espacial de tres fases: vacío, circulación, habitación que se distribuyen de manera concéntrica mirando hacia el interior y flanqueando el exterior, en la que el acceso a través del zaguán constituye la única forma de ingresar y por lo tanto de controlar el acceso de los habitantes. Este sistema se reforzaba por la condición topográfica que usualmente disponía en una plataforma horizontal semienterrada en el solar a causa del desnivel de las calles, creando una vivienda con un efecto panóptico que promueve el control. Este fenómeno coincidió muy bien con un discurso patriarcal en el que las mujeres eran controladas en un afán de darles un papel secundario y subyugado al control del padre o esposo.

Mobiliario de la Casa Kohn.
Fotos: Verónica Rosero 2016.

Kohn hace una casa en la que pasa exactamente lo opuesto: genera accesos múltiples, límites suaves entre interior y exterior, una serie de recorridos que forman una especie de subsistemas de conexión de espacios de varias opciones. El edificio se relaciona con las cuatro fachadas e incorpora con naturalidad la topografía. Sus hijas, que en el momento de construcción de la casa eran adolescentes, podían entrar y salir del recinto sin la vigilancia paterna. Y así también el acceso de visitantes permitía varias opciones: hacia arriba la oficina del arquitecto, al jardín, a las pequeñas terrazas que conectan a los distintos dormitorios de manera individual o al acceso principal en el que está inscrito una especie de logotipo con las letras de los esposos Kohn Schiller. El arquitecto buscó la recuperación de la comodidad doméstica, los colores y texturas tradicionales, el mobiliario como generador de los ambientes que le dan un confort especial a la vivienda.

La función nunca es delimitable de manera estática y definitiva, permitiendo que en la actualidad la casa mantenga esa hospitalidad premeditada, recibiendo a personas que practican el yoga y la meditación, una actividad promovida por Vera Schiller y que después del fallecimiento de la pareja, sigue siendo la actividad que permite que la casa se pueda habitar de manera natural, sin el efecto escenográfico de la arquitectura objeto. De una manera premeditada, Kohn crea un modelo opuesto a la casa patio desde la forma, disposición, jerarquía y mecanismos de control. Una anti-tipología que inclusive hasta la fecha expresa un contundente discurso de tolerancia.

Karl Kohn en el ingreso principal de la casa Kohn Schiller junto a escultura por Oswaldo Guayasamín. Imagen cortesía de Shayarina Monard.

Fotos de la familia Kohn, hoja de contactos, s.f. Cortesia de Shayarina Monard.

Fotos de Karl Kohn en Quito, hoja de contactos, s.f.
Cortesía de Shayarina Monard.

CÓDIGOS DE ASIMILACIÓN DE VANGUARDIA

Cruz Roja Ecuatoriana
Autores: Enrique y Lionel Ledesma, 1957

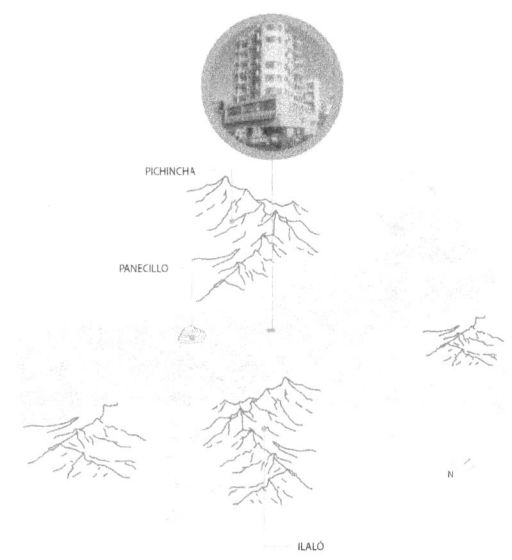

Ubicación del edificio de la Cruz Roja Ecuatoriana

La utilización de los edificios como una herramienta de progreso es una práctica común y permanente. La arquitectura por su escala, relevancia y carga cultural es un artefacto eficiente para representar de manera tangible una postura ideológica. La representación de ideas de progreso, de sofisticación o de poder a través de un edificio ha permitido una filiación entre habitantes y espacio muy eficiente.

Dentro de estos procesos, una práctica usual del Movimiento Moderno era la representación del progreso aprovechando las capacidades de los espacios modernos: mayores alturas, espacios amplios, grandes ventanales y un lenguaje "universal" le entregaba una carga innovadora a la arquitectura que contrastaba notoriamente con las estéticas neo románticas de inicios del siglo XX.

Esta naturaleza contestataria de lo Moderno sobre lo Colonial se entendió como un acto de vanguardia. Sin embargo, no una vanguardia original, sino versionada a la condición quiteña, una reconversión del mismo concepto y de la manera que opera como herramienta cultural, no como algo inédito sino como la aplicación nueva de las prácticas vanguardistas de otros lugares. Lo que en la arquitectura quiteña ocurría a mediados de siglo XX, el manabita Humberto E. Robles lo había detectado en la literatura para la generación de escritores ecuatorianos entre los años 1900-1920 gracias a un estudio sobre Pablo Palacio. Robles explica que este proceso, en lugar de ser una "Vanguardia", era la aplicación de la "noción de vanguardia".

> *"Interesa establecer, además, que en el Ecuador no es siempre lícito hablar de Vanguardia, sino de noción de vanguardia. Aquélla, así, con mayúscula, se referiría a la Vanguardia histórica, europea o europeizante; ésta remite al fenómeno ecuatoriano y, por contigüidad, al hispanoamericano"* (Robles 2006 (1989), 224)

Parque La Alameda desde la terraza del edificio de la Cruz Roja. Foto: Néstor Llorca, 2016

Lo que prevaleció en esta migración del concepto a la noción fue la utilización de la arquitectura como artefacto de progreso. El proyecto de la sede de la Cruz Roja se implanta alrededor del parque de "La Alameda", un espacio con forma de triángulo isósceles, que simbolizó el crecimiento de la ciudad que buscaba el avance tecnológico, la idea de progreso y la formalización de nuevos referentes culturales europeos en rechazo al español de la Colonia.

"La Alameda", un parque cuya conformación actual data de 1920, suplantó parte de la historia colonial de Quito desde 1596 cuando era utilizado como el "potrero del rey" designado en la trama fundacional, en el límite norte de la ciudad. Esta zona es una planicie, por lo cual no presenta las complicaciones comunes de la topografía de la ciudad. El parque aloja el Observatorio Astronómico (1873) en el centro geométrico del parque junto con las estatuas de los miembros de la misión geodésica del s. XVII (La Condamine, Jorge Juan y otros) y en el extremo sur (frente a la Cruz Roja), se sitúa una imponente estatua de Simón Bolívar, el artífice de la independencia de la Gran Colombia (Venezuela, Colombia y Ecuador).

Vista hacia el Panecillo desde la terraza de la Cruz Roja. A la derecha, el extremo sur del parque La Alameda. Foto: Néstor Llorca, 2016.

También se colocaron aquí el primer jardín botánico, un lago artificial y espacios abiertos acondicionados como un jardín inglés. Alrededor del parque se situaron el Archivo Nacional, la Biblioteca Nacional, el Teatro Capitol, etc. Además, está flanqueado por las avenidas "Gran Colombia" y "10 de Agosto" (fecha del "primer grito de independencia" en 1809) convirtiéndose en el vínculo urbano entre el Palacio de Gobierno, ubicado en el centro histórico, y el Palacio Legislativo dispuesto en el remate del eje legislativo propuesto por el Plan Regulador "Jones Odriozola".

El edificio de la Cruz Roja forma parte de un conjunto urbano con una espacialización filosóficamente positivista en el que existen ejercicios geométricos de triangulaciones, mediatrices, simetrías, que se asemejan a las utilizadas en Brasilia (un ejercicio espacial positivista) en el que tanto los usos como las formas tienen un tinte científico. Por tanto, el proyecto tenía que responder a esta noción de vanguardia científica, a una conciencia urbana y al crecimiento vertical, manteniendo la necesidad de un referente europeo, excluyendo el español.

Vista hacia el patio interno de la Cruz Roja desde la terraza. Foto: Néstor Llorca, 2016.

La torre de la Cruz Roja Ecuatoriana, ubicada junto al parque de La Alameda, forma parte del grupo de los primeros edificios de Quito de la década de 1950-60. Enrique, uno de los hermanos Ledesma proyectó este edificio como su tesis de grado, hecho que permitió construir un equipamiento de gran importancia para la ciudad a partir de un trabajo académico universitario. Un ejercicio similar en la actualidad sería altamente improbable en el medio ecuatoriano, pero en esa época en la que escaseaban profesionales y existía una intensa relación entre profesores, alumnos y miembros de instituciones gubernamentales, fue una práctica que se repitió varias veces. Así, Enrique Ledesma, Mario Arias, Milton Barragán, entre otros, iniciaron su vida profesional antes de conseguir su título de arquitectos y con obras de relevancia local.

Esta situación se provocó por cierta urgencia de la generación de edificios hasta esa fecha inexistentes en Quito. Un apremio motivado por la necesidad de no agrandar la desventaja frente a otras ciudades latinoamericanas que ya habían construido sus edificios desde las décadas de 1930 y 1940. La preparación para la reunión de Cancilleres (que no ocurrió) y el mensaje de progreso de abanderado por el arquitecto Sixto Durán Ballén, que en el momento en el que estos proyectos eran postulados pasaba de Director de la Escuela de Arquitectura a Ministro de Obras Públicas y se constituyó en el motor intelectual de la promoción de este tipo de obras en pos del avance de la ciudad.

Vista desde la terraza de la Cruz Roja. Destaca el proyecto del Banco Central del Ecuador y el perfil del Pichincha de fondo. Foto: Néstor Llorca, 2016.

El edificio de la Cruz Roja tuvo propuestas de varios arquitectos provocados por un concurso. Entre esas la de Karl Kohn que incluía un teatro y usos mixtos, expuesto en el Boletín Institucional de la Cruz Roja (1954) y que presentaba también, como la propuesta de los Ledesma, una torre de geometría sinuosa. El proyecto de los hermanos Ledesma es de 1957 y la tesis de Enrique de 1956, posterior a la propuesta de Kohn.

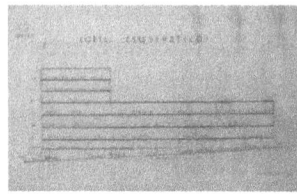

Anteproyecto Cruz Roja Ecuatoriana por Karl Kohn, 1957. De arriba a abajo: corte esquemático, postal con la foto de la maqueta y foto de la maqueta.

Portada de Boletín Informativo de la Cruz Roja Ecuatoriana con la propuesta de Karl Kohn. 1954. Imagen cortesía de la Cruz Roja Ecuatoriana

El proyecto de los hermanos Ledesma recibe como herencia de los rasgos del Movimiento Moderno y en particular de referentes que motivaban la verticalidad, el espacio dinámico y fluido, y la búsqueda de la monumentalidad por su forma y altura a través de la plasticidad del volumen. En este sentido es posible establecer una referencia con proyectos de vanguardia, como por ejemplo, el rascacielos proyectado por Mies Van Der Rohe para la Friedrichstrasse en 1921. La lectura vanguardista de este último proyecto puede abordarse desde la observaciones de sus características configuradoras de una expresión moderna y tecnológica, así como desde las particularidades formales, intenciones espaciales y preocupaciones urbanas que han dado lugar a una serie de interpretaciones que lo relacionan con movimientos artísticos de la vanguardia de la primera mitad del siglo XX (Gallego Picard 2014, vi-viii).

En el caso del proyecto de Mies esta condición de vanguardia se ve reforzada por la presencia mediática de los rascacielos entre 1922 y el inicio de la 2da Guerra Mundial en revistas de vanguardia y oficiales que destacaban el carácter propositivo de estos proyectos desde su naturaleza arquitectónica y urbana en un primer momento, hasta la búsqueda de un nuevo estilo, desde una perspectiva revisionista, en un segundo momento. (Gallego Picard 2014, 6)

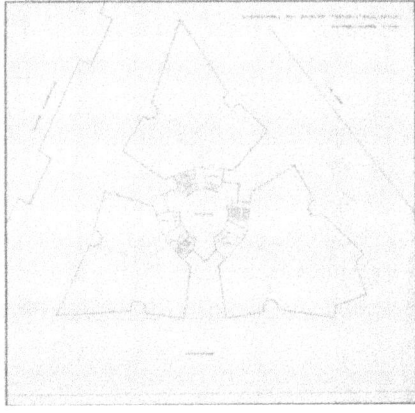

Proyecto del Rascacielos en Friedrichstrasse, Berlin-Mitte, Alemania por Ludwig Mies van der Rohe, 1921. Izquierda: perspectiva exterior; derecha: planta.

Friedrichstrasse Skyscraper, project, Berlin-Mitte, Germany, Urban context model, Ludwig Mies van der Rohe. 1921. Fuente: archivo digital MOMA.
https://www.moma.org/collection/works/88157

El uso de la esquina y el paño de la fachada, en el caso de Mies Van der Rohe, acristalada, y en el de los Ledesma con una serie continua de quiebrasoles, regulan la entrada de la luz solar y acentúan las formas curvas de la torre; el primero desde la Vanguardia y el segundo desde una "noción" de la misma, donde la difusión mediática es parte inherente del proceso.

El proyecto de la Cruz Roja, desde un punto de vista urbano, la relación con el parque se regula desde un pequeño acceso que se avanzan por una marquesina que soluciona el reto de tener un frente muy pequeño hacia la avenida Gran Colombia.

El edificio se fragmenta en tres volúmenes que acogen actividades y roles distintos. En el primero, hacia el este, se coloca un espacio menor dedicado a oficinas, aulas o laboratorios, en donde la forma del edificio se acopla a la geometría del lote creando unos bloques orientados a un patio central con una estética genérica. El segundo configura la planta baja de la esquina del edificio que recoge el acceso peatonal, un pequeño hall, la circulación vertical y los pasillos que sirven de enlace tanto formal como funcional entre los volúmenes, marcando un volumen en la esquina que se levanta con dos fachadas rectangulares de ventana corrida que sirve como base para la forma particular de la torre. Los Ledesma repitieron este recurso de la base en el Edificio Arteta (Quito, 1956) y como elemento de separación horizontal en el Colegio San Gabriel (Quito, 1952-1958).

Propuesta del proyecto de los hermanos Ledesma, 1957. Imagen cortesía de la Cruz Roja Ecuatoriana.

El tercer volumen es el más reconocible del edificio se configura a través de un prisma que usa como base un triángulo equilátero cuyas esquinas se redondean y en los lados cambia la recta por un arco cóncavo, creando una planta de perímetro curvo y continuo en una especie de cinta sinuosa inscrita en el triángulo de base.

Los méritos conseguidos en el tercer volumen de visuales e iluminación no ocurren en los otros dos, en donde inclusive se taparon ventanas con marcos de madera como una solución a un conflicto de intimidad y relaciones entre espacios que necesitan independencia. La Cruz Roja alberga dos edificios y espacios de calidades distintas y marcadas.

Este ejercicio compositivo, aparentemente lúdico, tiene una justificación desde múltiples niveles. En el papel urbano esta forma permite reconocer al edificio como un hito en el paisaje que se organiza por el perfil de la arquitectura y no de las montañas al encontrarse en una zona plana y central. En cuanto a lo lumínico, el volumen se distribuye en plantas tipo que enmarcan ventanas corridas con brise-soleils en los lados y flanqueadas por ventanas rectangulares inscritas en las esquinas, permitiendo tanto el aprovechamiento de la luz en las tres fachadas a lo largo del día y múltiples paisajes. Las intenciones tridimensionales de las fachadas crean planos de encuadre a manera de cuadros cinematográficos.

Los criterios de distribución configuran la forma y disposición de la estructura y ordenan el espacio desde la caja de escaleras ubicada en el centro de la planta a través de una circulación concéntrica.

Por tanto, la forma evoluciona desde una naturaleza orgánica a códigos modernos y estructurados. Los hermanos Ledesma utilizan esta plasticidad controlada como un mecanismo proyectual de "noción de vanguardia".

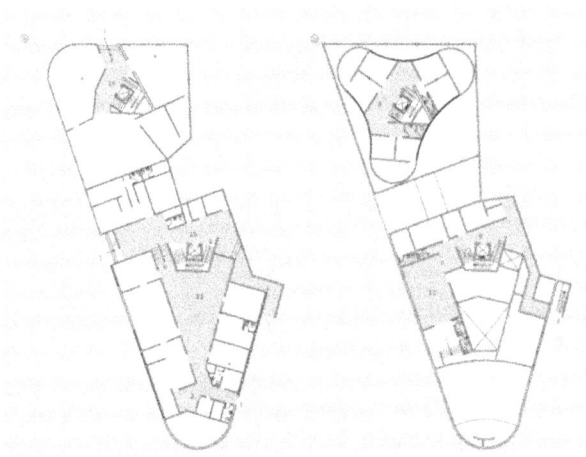

Plantas arquitectónica de la Cruz Roja, Enrique y Lionel Ledesma.

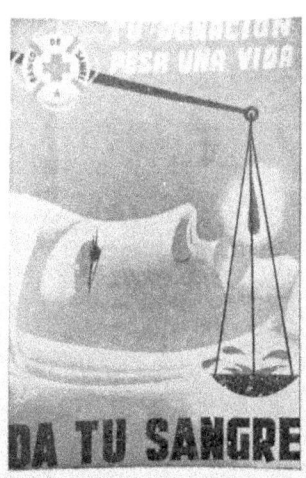

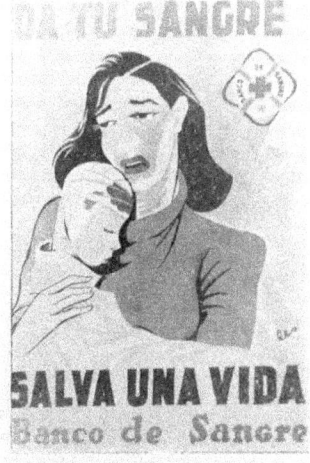

Imágenes publicitarias de la Cruz Roja Ecuatoriana.

Nota interna del Boletín institucional de la Cruz Roja. Visita de grupo de jóvenes de la Cruz Roja Juvenil Americana.

Edificio de la Cruz Roja y parque La Alameda con el monumento al Libertador en primer plano.
Foto: Néstor Llorca, 2016.

CÓDIGOS DE ASIMILACIÓN SEMIÓTICA

Palacio Municipal.
Autores: Diego Banderas y Juan Espinosa, 1973

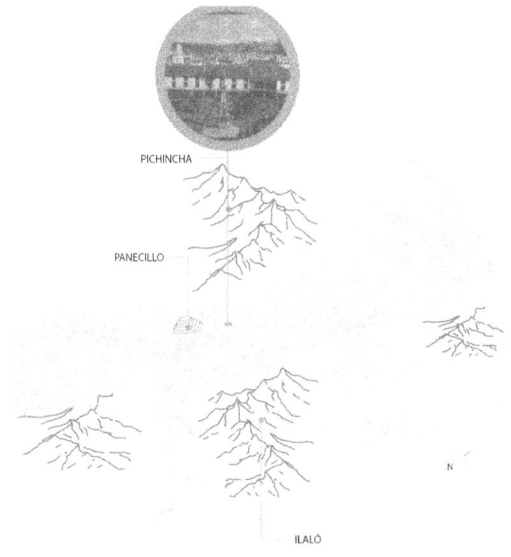

Ubicación del Palacio Municipal de Quito.

La semiótica opera con códigos. La identidad cultural se transmite a través de un mensaje que se configura desde un relato histórico que tiene, por tanto, vencedores y perdedores. Es una herramienta de comunicación. La arquitectura es una forma de comunicación y un soporte para el mensaje de otros formatos, lo que la convierte a la vez en una conductora y una emisora. Cuando el mensaje que se solicita a un edificio incluye la representación de una población y su cultura, se producen transferencias de términos de una disciplina (antropología, sociología, historia) a otra (espacial), en donde los conceptos, las interpretaciones lingüísticas o la sintaxis que coordina los elementos para comunicar ideas se complejiza y se vuelve un elemento de representación ideológica. Por tanto, produce, al igual que la historia, vencedores (defensores) y perdedores (detractores) del edificio resultante.

El Palacio Municipal, diseñado entre 1970-1973 e inaugurado el 2 de diciembre de 1977, está ubicado en el lado oriental de la Plaza Grande, la misma que está rodeada en sus cuatro costados por edificios de alta representatividad: Al occidente, el Palacio de Gobierno / Carondelet, que es la residencia oficial del Presidente de la República; Al norte el Hotel Majestic (Palacio Pizarro), Casa de los Alcaldes, Palacio de la Curia Metropolitana (Casa de Pedro Gutierrrez) y Palacio Arzobispal y, al sur la Catedral Metropolitana. Entre todos los edificios configuran el conjunto más concentrado de los poderes políticos y religiosos nacionales hasta la actualidad, siguiendo con fidelidad las solicitudes de la fundación española y la Ley de Indias.

Palacio Municipal de Quito en 1975.
Fotos cortesía de Juan Espinosa.

En este complejo urbano conviven edificaciones de casi todos los siglos. A partir de la creación de la Plaza (1564), que se asienta sobre un terreno de antigua actividad indígena, primero comercial y luego administrativa en la ocupación Inca. Los proyectos de edificios y de la propia plaza han cambiado en múltiples ocasiones a lo largo de estos 500 años en forma, uso, estilo y configuración.

Edificios como la Catedral se han mantenido durante más tiempo en su versión actual (a pesar de cuatro reconstrucciones de 1660, 1755, 1797 y 1930) o el Palacio de Carondelet (1799) que fue intervenido en 1956 por la primera mujer en ejercer la arquitectura en el Ecuador, la uruguaya Ethel Arias, quien propuso un diálogo entre la imagen urbana conservadora y una eficiente ductilidad espacial conseguida desde la lectura moderna que ha permitido los cambios del presidente de turno hasta la fecha.

Las edificaciones del lado norte de la Plaza han cambiado de dueños, gestión y propuestas de actividades de una manera constante, llegando al punto actual en el que conviven un hotel, comercios sencillos, un centro comercial, oficinas del clero y lustrabotas. En definitiva, el lugar que acoge los valores identitarios de la Ciudad o el País han tenido una de las tasas más altas de intervenciones por edificio o por superficie de todo el Centro Histórico. Estos cambios acompañados de su resignificación cultural hacen de este conjunto un claro estudio de caso para analizar la representación del espacio en el Materialismo Histórico.

Sin embargo, el Palacio Municipal, que suplantó un conjunto de seis edificaciones (4 municipales y 2 privadas) que guardaban una estética de valores clásicos o neorománticos, es visto con mucha más beligerancia que las otras intervenciones. No por una revisión del proyecto actual, sino por un discurso de defensa de una estética de la nostalgia. El edificio diseñado por Diego Banderas y Juan Espinosa (1970-1973) es el resultado de un proceso largo de tres concursos, modelos de financiamiento mixto y múltiples aproximaciones a lo largo de dos décadas.

En el año 1957 el Municipio de Quito convocó al concurso de proyectos para el Palacio Municipal. El mismo fue promovido en la alcaldía de Carlos Andrade Marín, pero que heredaba una propuesta incluída en una urbana de 1954 encabezada por Sixto Durán Ballén / Arquin, mientras era director de la naciente Escuela de Arquitectura de la U. Central. El edificio de 1973 fue recibido por Durán Ballén como alcalde. De alguna manera los caminos de este edificio conducen a Sixto.

El primer concurso recogió trece propuestas pero fue declarado desierto. El jurado tenía representantes municipales: Carlos Andrade Marín (Alcalde), Jaime Mantilla, Bernardo Villacreses y Ernesto Espinosa . A Gonzalo Zaldumbide como delegado de la Junta de Defensa Artística, el ingeniero José Benites en representación de la Sociedad de Ingenieros y Arquitectos de Pichincha, Jaime Dávalos en representación de la Escuela de Arquitectura (Monard, 2019). En el veredicto del jurado, dado siete meses después de la recepción de las propuestas se manifiesta el conflicto de ideologías frente a las propuestas de un corte moderno en un sitio de valor histórico, aduciendo un irrespeto o bien a la herencia cultural o a la representatividad del edificio a la identidad local. Esta pugna se manifestó durante los tres concursos a lo largo de casi veinte años. Y, en la actualidad existen discursos contrarios al proyecto de 1973.

Otro personaje importante en la difusión de información sobre el Palacio Municipal fue Carlos Mantilla Jácome, cofundador del diario El Comercio y que Jaime del Castillo, Alcalde de Quito en entre 1967-1970, promotor del tercer concurso, reconoció su "apoyo moral" para la consecución del Palacio Municipal. Como nota al respecto de esta campaña, El Comercio publicó los resultados del primer concurso en diciembre de 1957, antes de haber sido aprobados por el Concejo Municipal en enero de 1958.

A lo largo de todos estos intentos, existieron propuestas de Leopoldo Moreno Loor (Caranqui), Oswaldo Muñoz Mariño, Agustín Patiño Crespo, Ramiro Pérez Martínez (XHL), Karl Kolbecker (Benalcázar), reconocidos en el primer concurso de 1957. En el segundo de 1960 se presentaron propuestas de Oswaldo Muñoz Mariño (Ganador), Mario Arias[5, 6], y Gilberto Gatto Sobral.

---

[5] En este proyecto los autores del Palacio Municipal actual, Arquitectos Juan Espinosa y Diego Banderas participaron como dibujantes (Entrevista a Juan Espinosa, 8 marzo 2015)
[6] "Después de estos proyectos, hubo un proyecto de Diego Banderas con Antonio Narváez, que utilizaba bóvedas y fue rechazado" (Entrevista a Juan Espinosa, 8 marzo 2015)

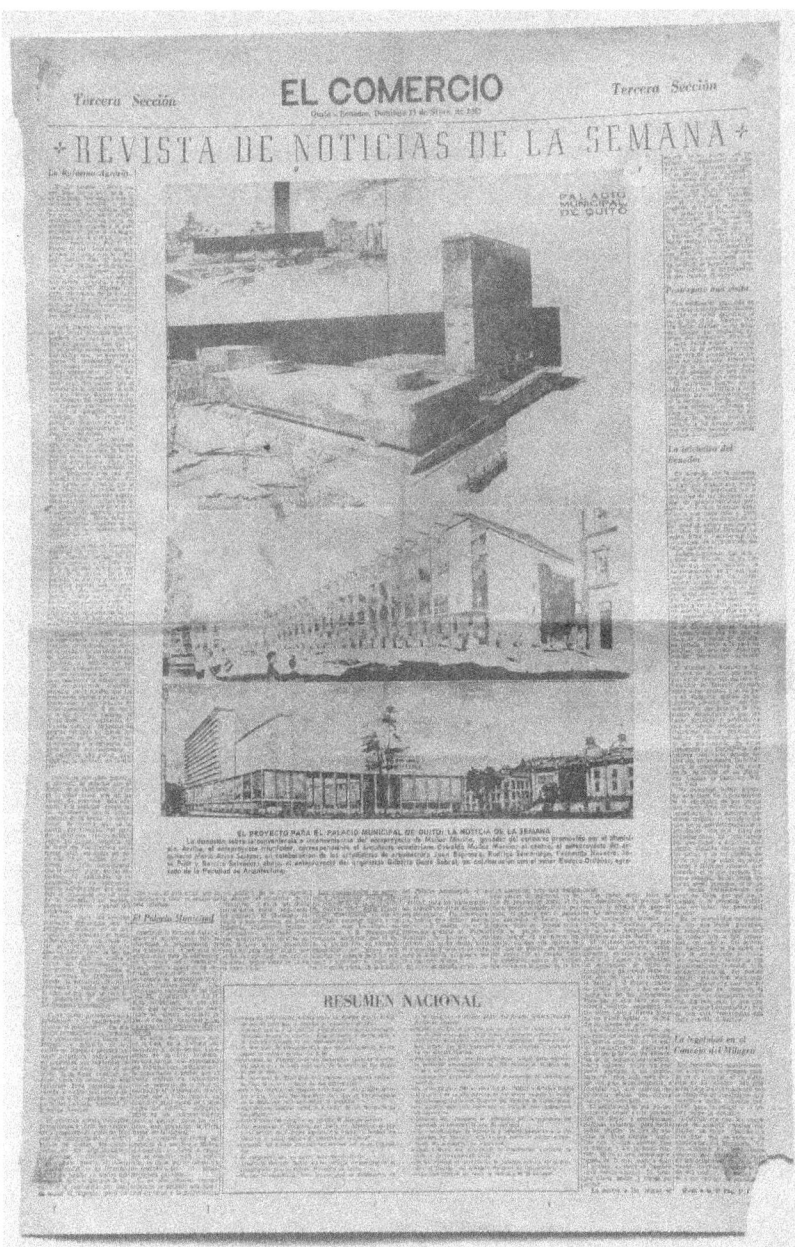

Nota de prensa sobre los proyectos participantes en el concurso de anteproyectos para el Palacio Municipal de Quito. El Comercio, 1961. Imagen cortesía de Juan Espinosa.

En ambos casos existía un discurso permanente sobre la representatividad que el edificio debía tener como manifiesto cultural, sin embargo, se debatía sobre qué imagen era la que representaba esta identidad, si era lo clásico, lo colonial, lo moderno, lo popular... Se llegaron a discursos que defendían los valores europeos y que por tanto se tenía que invitar a arquitectos españoles que retraigan esta herencia o por el contrario se promovió un discurso chauvinista en el que se prohibía la participación en el concurso de cualquier profesional que no haya nacido en el Ecuador. Estas permanentes disputas dieron como resultado una contradicción mayor: en todos los casos se elegían proyectos modernos pero se desechaban por su falta de "identidad quiteña".

> La evolución de la arquitectura existe, como debe existir pero no dentro de una ciudad de estilo colonial. Lamentablemente tenemos en el Ccentro de Quito muchas edificaciones que desentonan con el ambiente [...] los arquitectos han tenido mucha libertad, que debe darse, pero sin dañar la fisonomía de la ciudad colonial (Andrade Marín, C., Actas Públicas, Diciembre 1957-mayo 1958. Libro 2373. 1958, f: 64). (Monard, 2019, pp 209).

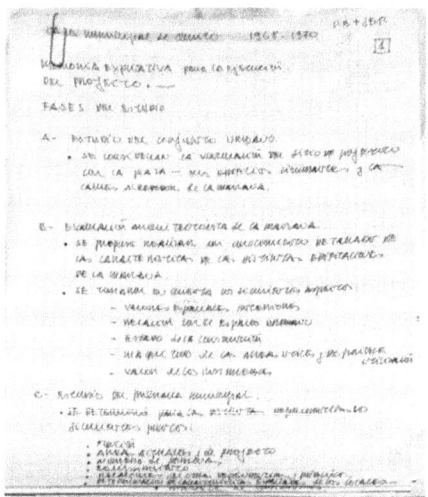

Apuntes de Juan Espinosa sobre la memoria explicativa para el desarrollo del proyecto del Palacio Municipal de Quito. Imagen cortesía de Juan Espinosa.

El edificio existente ha sido por tanto evaluado desde su carga cultural, con múltiples opiniones más o menos fundamentadas sobre las estrategias hermenéuticas o simbólicas que son resueltas en el proyecto. Lo que produce una lectura del espacio cargada de interpretaciones. Por esto, presento el proyecto desde el relato de uno de sus autores.

El tercer concurso tuvo una naturaleza distinta en su concepción, reglas y enfoque, fue realizado al interior del Municipio cuando el arquitecto Diego Banderas era Director de Planificación del Municipio.

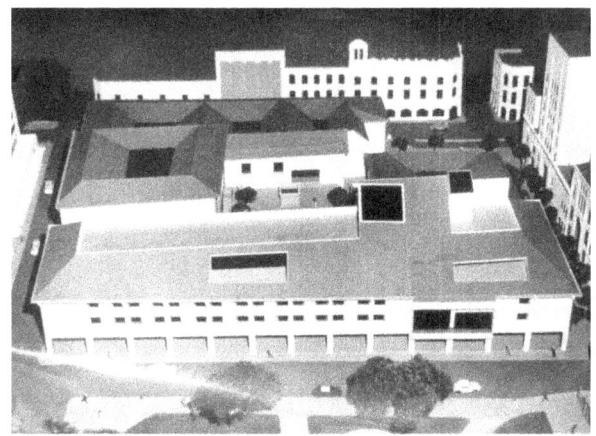

Maqueta del proyecto para el Palacio Municipal de Quito.
Imagen cortesía de Juan Espinosa

Palacio Municipal desde la calle Chile.
Imagen cortesía de Juan Espinosa.

El proyecto del Palacio Municipal utiliza varias herramientas de intervención en lugares históricos que partieron de la reflexión de los arquitectos, más que de herramientas en la formación universitaria. Una suerte de aprendizaje basada en la reflexión colectiva de un grupo de arquitectos locales[7] que sucedían de manera empírica. La aproximación a las preexistencias no sucede con un enfoque conservador sino de una traducción contemporánea de los valores compositivos del sitio desde una aproximación abstracta.

El Palacio Municipal es el resultado de varios procesos: 1) Una búsqueda de la representación cultural desde la dicotomía de los acercamientos colonialista y decolonialista, que recuerda a los discursos de la creación de la Casa de la Cultura Ecuatoriana por Benjamín Carrión, 2) La construcción de un edificio para el Municipio de Quito con un corte moderno que inició con Sixto Durán Ballén en 1954, 3) Los procesos colectivos de un grupo de arquitectos que construyeron múltiples edificios a lo largo de dos décadas y que de manera paralela a su práctica profesional eran profesores, políticos, pensadores y promotores de los proyectos y 4) La construcción de un discurso arquitectónico para la intervención en un entorno urbano de altísima carga histórica.

Existen múltiples referencias de la espacialidad quiteña que se aplican en el edificio, desde cuestiones tipológicas como el patio, el perfil urbano desde la altura de edificación, el balcón del Alcalde como espacio de transmisión de mensajes cívicos, el vínculo público privado con los soportales, un subsistema de plazas anexas a usos diversos. La interpretación abstracta de los valores compositivos (ritmo, sólidos, cavidades, proporción, contraste) que migran de códigos históricos a un elemento contemporáneo. El hormigón visto como recurso constructivo del brutalismo y la interpretación del mismo como una analogía de los sistemas constructivos masivos de los edificios colindantes que rodean la Plaza Grande.

---

[7] Los cuadernos "Apuntes 1" y "Apuntes 2/3" (Quito, 1969) juntaban las reflexiones de Diego Banderas, Fausto Banderas, Cristian Córdova, Juan Espinosa, Fernando Garcés, Iván Larreátegui, Rubén Moreira, Rodrigo Samaniego y Mario Solis en una búsqueda de juntar las experiencias de profesores, profesionales, arquitectos con cargos públicos para reflexionar sobre la arquitectura y la ciudad de Quito.

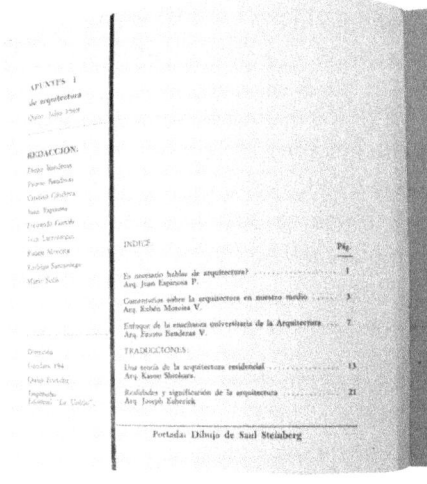

Fragmento de portada e interior de la revista Apuntes. Imagen cortesía de Juan Espinosa.

La disputa sobre la filiación afectiva sobre valores culturales es una situación recurrente en las dinámicas sociales, en las que la arquitectura tiene un rango discreto de intervención. La nostalgia opera siempre con una carga de dolor, por lo que cambió, lo que se fue o lo que murió, creando tensiones entre historia y contemporaneidad. Sin embargo, existe la opción de mirar la arquitectura desde una naturaleza prospectiva. Si la historia se ocupa de nuestra narrativa del pasado, la teoría opera sobre los fenómenos presentes, la crítica permite una orientación al futuro. Este carácter temporal da un papel al análisis del Palacio Municipal como herramienta de diagnóstico del avance de la arquitectura, medido desde la relación recíproca entre espacio y habitante. Desde tres familias: 1) Continuidad con aceleración o estabilidad; 2) De nostalgia, ligada al regreso romántico a un pasado idealizado, la Retrotopía[8] o la simetría inversa de los signos a través del espejo[9] en el que la posmodernidad se convierte en prerromanticismo y; 3) De discontinuidad vista desde el ma-

---

[8] Bauman, Zygmunt, *Retrotopía*, 2017.
[9] Eco, Humberto. *Sugli Specchi e Altri Saggi*. 1985

terialismo histórico[10], en el que las palabras crisis, resiliencia, ductilidad, relatividad, conquista o eficiencia se vuelven categorías arquitectónicas.

El edificio permite por tanto un quinto proceso: el fomento del debate desde las aproximaciones "arriesgadas", no canónicas pero rigurosas que le dan un valor contemporáneo al edificio y que hereda el debate de la representación cultural a los habitantes de la ciudad, en donde la labor semiótica del edificio y sus códigos es de mediador y no de dictador. Los códigos cumplen con una función metalingüística que genera un edificio con una expresión propia, más abstracta que romántica.

Una sucesión de episodios espaciales que evidencian un pensamiento tridimensional del proyecto y las interacciones de quienes lo usan y una convivencia entre el Palacio y sus edificios vecinos, distintos pero testigos de tiempos y pensamientos distintos, convirtiendo al conjunto urbano en una muestra del palimpsesto de la historia de la ciudad.

4.3.6.1 Entrevista al arquitecto Juan Espinosa Páez sobre el proceso de concurso, diseño y construcción del Palacio Municipal

NLV: Quisiera saber sobre la experiencia del Municipio, ¿cómo fue el contrato social, para la aceptación del edificio?, y además, sobre otro proyecto que no está en libros, que son los dos bloques que compiten con el suyo que es de Oswaldo Muñoz Mariño, siendo ambas propuestas con una mirada de cambio, de encontrar lo nuevo en un sitio con un peso histórico fuerte ¿cómo era la intención proyectual y cómo fue la forma de dialogar con la gente para que se acepte el proyecto?

JEP: Primero, en el asunto del diálogo con la gente casi no hubo, era una relación de los arquitectos, en este caso yo como invitado por parte de Diego Banderas para trabajar con él en la formulación del proyecto. Él tenía el apoyo por parte del doctor Jaime del Castillo. El trabajo se hizo en las oficinas del Municipio, el interlocutor cuando teníamos ya elaborada alguna propuesta y no era en el proceso era el Consejo.

---

[10] Benjamín, Walter. *Theses on the Philosophy of History,* 1942

Perspectiva a mano de la fachada del Palacio Municipal hacia la Plaza de la Independencia. Imagen cortesía de Juan Espinosa.

Perspectiva a mano de la fachada del Palacio Municipal hacia la Plaza de la Independencia. Imagen cortesía de Juan Espinosa.

Como anécdota, en la oficina en la que estábamos trabajando, le invitó Jaime del Castillo a Oswaldo Guayasamín y le preguntó ¿cómo debería ser esto?, en algún papel, Oswaldo Guayasamín hizo unos trazos y todo era un mural. Me arrepiento de no haber conservado ese papel, ahora valdría mucho. No quedó vestigio, pero esa era la imagen que tenía de carácter formal para las personas.

Había otras corrientes que reproducían simplemente una arquitectura neoclásica entre columnas al conformarse en todo el frente del Palacio. Cuando nosotros intervenimos, las casas de la calle Espejo y Venezuela ya estaban tumbadas, un cuarto de la manzana ya estaba tumbado, quedaban solamente las casas en la Venezuela y Chile.

En cuanto a la preocupación que teníamos con respecto al proyecto arquitectónico, en la que participó Rubén Moreira ocasionalmente, era el de incorporar el centro de la manzana y posiblemente esa intervención del Municipio era una de las pocas en las que el centro de la manzana se ha incorporado el espacio urbano.

Yo paso ahora por el portal y se ve la plaza interior, y hay una imagen más interesante cuando uno está en la plaza, en el café que han puesto al fondo y se integra el parque hacia el Municipio. Por estos temas se derrocó un edificio que, posiblemente bajo los patrones que ahora se tiene o se tuvo después de unos años, no ameritaría haberse derrocado, que fue el edificio del Banco de Préstamos que era esquinero. Un edificio bastante importante pero que en el proceso de discusión uno cree no equivocarse y, conversando con el equipo técnico que teníamos bajo nuestra responsabilidad se decidió justamente que era conveniente ese derrocamiento, y creó la placita chica donde está el monumento a González Suárez, con la intención de integrar la plaza.

El criterio general que había por parte de Diego y mío, en forma conjunta, era el ser respetuosos con la altura de la plaza, entonces el edificio está tomando como referencia: 1) Uno, la altura superior más o menos, no al milímetro; 2) Dos, el crear una base gris que correspondía al atrio de la Catedral, a la base del edificio de Palacio de Gobierno, en este caso el portal en hormigón; y, 3) Tres, mantener el portal, dar una presencia de un cuerpo sólido en donde no predomine el vidrio si no al contrario, predomine la masa de albañilería con las pequeñas perforaciones que hay.

Hay errores que son evidentes y el mayor error es justamente el cambio de pendiente de la cubierta, para muchas personas no es visible, pero para las que están vinculadas en el quehacer arquitectónico es demasiado evidente que no era eso conveniente, al contrario, debía haber tenido un plano igual todo el frente.

Proceso constructivo del Palacio Municipal.
Imágenes cortesía de Juan Espinosa

El otro aspecto interesante es la presencia del hall como espacio de ingreso público. El Salón de la Ciudad estaba del doble del tamaño del que antes existía, hoy es un salón chico pero no había donde más hacer mayor espacio. El otro elemento que puede ser interesante es que había una preocupación por la expresión estructural del uso del hormigón y por eso aparecen las columnas en hormigón y el casetonado que había en las losas, hoy casi el casetonado ha desaparecido, se lo ha recubierto para mejorar las condiciones ambientales.

NLV: ¿Sobre las acústicas?

JEP: Más que las acústicas, son sobre las de ventilación y posiblemente iluminación. En el edificio no teníamos cosas muy rígidas, las rígidas eran los baños, y tal es así que se ha mantenido con cambios porque antes estaba casi gran parte del Municipio trabajando ahí, hoy hay menos o hay otras funciones y, con los cambios de paneles, manteniendo las circulaciones al interior, se han cambiado, lo cual es bueno.

NLV: Es justo esta propiedad del edificio de poder permitir eso.

JEP: Salvo algunas zonas como la Alcaldía que son, evidentemente, fijas, la Sala de Consejo donde antes eran 10 o 12 concejales, se ha adaptado a los 20 o más que tiene este momento. La intención en la ejecución del proyecto no era el crear un hito deslumbrante, al contrario, era hacer un proyecto lo más sencillo posible y que se acomode al sector. Recibió y sigue recibiendo fuertes críticas de todo lado, pero también hay algunos que han sido generosos en cuanto a la opinión positiva.

El de la calle Espejo fue un tema bien importante, es una de las primeras recuperaciones con espacio peatonal, porque eso era espacio vehicular, fue producto del proyecto, inclusive la incorporación de la vegetación.

NLV: En general lo que hacían los periódicos era, no tanto emitir opiniones, si no, explicar el proceso constructivo, o si ya de entrada estaban criticando la intervención

JEP: Había un grupo de personas que tenían una opinión muy importante, había un comentarista de televisión que era opuesto completamente al proyecto, lo mismo Camilo Ponce Enríquez, que en su artículo decía " la presencia de los bárbaros"[11]. Estaba específicamente referido a la propuesta formal.

---

[11] Juan Espinosa se refiere al artículo "La Invasión de los Bárbaros", redactado por Camilo Ponce Enríquez (Presidente del Ecuador 1956-1960, Fundador del "Movimiento Social Cristiano" junto con Sixto Durán Ballén) y que en una abierta queja al edificio del Palacio Municipal declara: "Y ESTO, QUÉ?- Quien se detenga en medio de la Plaza Mayor, mire hacia el Palacio; después,

Boceto de la propuesta urbana que acompaña al proyecto del Palacio Municpal hacia la calle Espejo.
Imagen cortesía de Juan Espinosa.

NLV: A la larga había una discusión mediática sobre el proyecto, y había un diálogo social, un espíritu crítico de un público que no sabía mucho de arquitectura,; por eso es que me llama la atención lo de Muñoz Mariño porque se entiende como una propuesta radical, y yo imaginé que en su momento tenía que haber recibido muchas críticas.

JEP: Él si rompía toda la manzana, en cambio nosotros mantuvimos el Palacio de la antigua Casa de Justicia, que está en la calle Chile y ahora utiliza el Municipio donde está la administración zona centro, diagonal a San Agustín que era la antigua casa Globo, la casa esquinera de la familia León, la casa del señor Muller que queda en la calle Espejo.

hacia la Catedral; luego, hacia el Palacio Municipal, no podrá menos de inclinar la frente y lanzar una interjección de protesta y santa cólera quiteña." O, "El buen señor enamorado de su Ciudad, sólo anhelaba vivir diez años en la Plaza Mayor de Quito, sin arrendar tiendas, sin mezquindades pequeñas, sin arquitecturas de concurso producidas por el extravío de la estética y juzgadas, para adjudicaciones de interés, por la ceguera y el mal gusto". "¡Ah, si la Ilustre Municipalidad hubiese formado a tiempo un alto cuerpo consultivo defensor de la pureza y la conservación artística de Quito! Creo que no habría habido quiteño de cepa que a integrarlo se negase y lo que apena es que haya correspondido al actual Alcalde, hombre culto, inteligente, fino y conocedor del Mundo, coronar, en lo que atañe al edificio municipal, un capítulo más de la invasión de los bárbaros"

"La invasión de los bárbaros". Nota de prensa escrita por Camilo Ponce Enríquez. Imagen cortesía de Juan Espinosa.

En el proyecto de Muñoz Mariño barría con todo, en el proyecto nuestro mantuvimos unas viviendas y derrocamos otras. Manteniendo frentes sobre las calles laterales. Un tema muy interesante, es que en el centro se ve la continuidad de la edificación del espacio urbano; uno se va al sur o a Carapungo, hoy ya no se respeta el límite de frente de la línea de fábrica si no que se permite el volado, y ese es un fenómeno que no solamente se ha dado en Quito, más bien comenzó desde Ambato[12] después del terremoto del mismo sitio, ocupando el espacio urbano y destrozando el espacio de las ciudades. Eliminando la continuidad del perfil urbano.

NLV: ¿Cuánto tiempo demoró la construcción?

JEP: Unos dos años, la terminó Sixto Durán Ballén cuando era alcalde.

---

[12] Terremoto del 5 de agosto de 1949 con epicentro en la provincia de Tungurahua. Produjo más de 5000 víctimas.

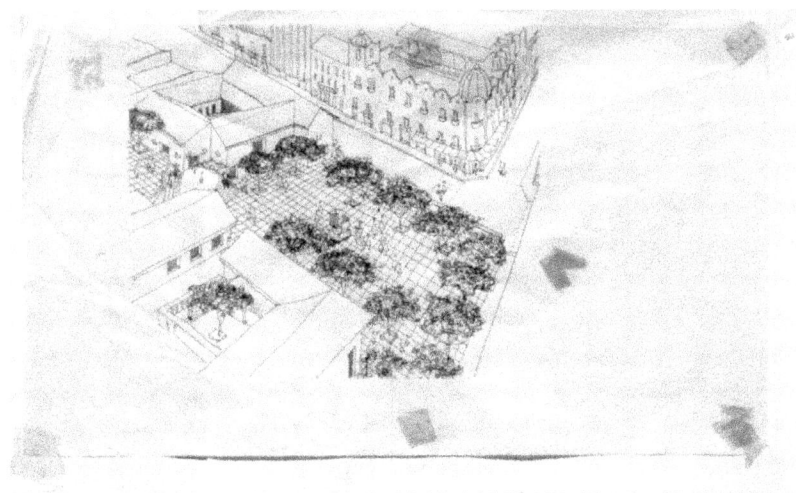

Perspectiva a mano del jardín interior del Palacio Municipal con casa Muller.
Imagen cortesía de Juan Espinosa.

Vista posterior del antiguo Palacio de Justicia y cimientos del cuerpo principal de la nueva Casa Municipal. Imagen cortesía de Juan Espinosa.

Concejo decide hoy sobre el proyecto de Palacio Municipal

Esta es una perspectiva del anteproyecto para el Palacio Municipal concebido en el Departamento Técnico del Municipio de Quito. La fachada ha sido objeto de reparos en cuanto debe guardar armonía con el resto de la Plaza. En cuanto a la realización misma, hay el ánimo de emprenderla cuanto antes, una vez que se apruebe por parte del Concejo y se acepte acaso alguna reforma al anteproyecto.

El Concejo de Quito decidirá hoy definitivamente sobre la construcción del Palacio Municipal, en base del proyecto elaborado por el Departamento de Planificación Municipal, que fue aceptado en principio. Previamente conocerá un informe que, al respecto, presentará la Comisión de Centro Histórico.

El Cabildo hace dos semanas desistió del proyecto del arquitecto Oswaldo Muñoz Mariño para la construcción del Palacio y consideró el nuevo proyecto preparado por el Departamento de Planificación, recibiendo en detalle los informes sobre su concepción arquitectónica y su distribución interior. Antes de tomar una resolución definitiva y porque no existía criterio unánime en cuanto al plano de la fachada del futuro Palacio Municipal, se decidió encargar a la Comisión de Centro Histórico que realice un estudio del mismo y presente un informe para ilustración de los concejales y con el criterio técnico e histórico para la ejecución del proyecto.

Se conoce que el informe de esta Comisión es adverso al proyecto presentado por los técnicos municipales y luego de hacerse muchos reparos al plano de la fachada, se solicita que se levante el Palacio Municipal siguiendo las mismas características arquitectónicas del edificio de tres pisos, situado en la esquina de las calles Chile y Venezuela.

La opinión de varias personas entendidas en la materia es la de apoyar al proyecto municipal, recomendando ciertos cambios en la concepción de la fachada, especialmente en la parte correspondiente al tercer piso, estimándose que como no se trata de un anteproyecto pueden efectuarse las reformas necesarias para que el futuro Palacio Municipal guarde la armonía arquitectónica y artística que enmarca la Plaza de la Independencia.

Por su parte la Alcaldía explicó que el proyecto nuevo está de acuerdo con las disponibilidades económicas actuales, de manera que si fuere aprobado, se procedería de inmediato a la construcción.

Nota de prensa sobre el concurso para el Palacio Municipal. El Comercio, 1968.
Imagen cortesía de Juan Espinosa.

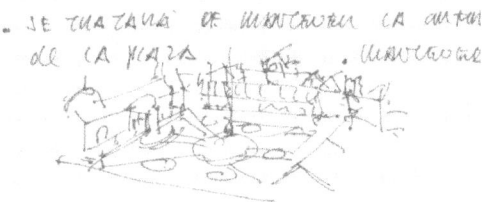
Boceto del esquema general de proyecto, Cortesía Juan Espinosa.

Contexto próximo al Palacio Municipal: casa León Larrea y Almacenes El Globo. Imagen cortesía de Juan Espinosa.

Plaza Chica (Plaza González Suárez), Palacio Municipal.
Imagen cortesía de Juan Espinosa.

Palacio Municipal de Quito a la derecha.
A la izquierda la Plaza Grande y el
Palacio Arzobispal. En el fondo
La Basílica del Voto Nacional.
Foto: Néstor Llorca, 2021.

Plaza de la Independencia, Quito. Foto: Néstor Llorca, 2021.

Palacio Municipal (izquierda),
La Catedral Metropolitana (derecha)
y Panecillo al fondo.
Foto: Néstor Llorca, 2021.

Plaza de la Independencia con el Palacio Municipal al fondo. Foto: Néstor Llorca, 2021.

REFLEXIONES FINALES

SOBRE LA ESTRUCTURA DE LA INVESTIGACIÓN, EL ESTADO DEL ARTE Y EL ÁMBITO DISCIPLINAR

Aproximaciones a los estudios de arquitectura desde términos como escenario y tejido, noción de escasez, anidación y eclosión, experimento híbrido, etc., dan lugar a una revisión de los procesos espaciales desde una naturaleza dinámica, entendiendo los procesos que surgen en el espacio como verbos / acciones más que como sujetos / actores. Otorgándole al espacio la capacidad de reconocer y responder a las actividades que allí se contienen y de la afinidad con la ciudad de Quito, que tiene una alta capacidad adaptativa tanto en su morfología urbana como en su respuesta a la geografía.

Detrás de la propuesta de investigación anida un discurso de defensa de la arquitectura del período estudiado para demostrar su vigencia y utilidad actual. No en un afán de protección de todos los edificios construidos en estas décadas, asumiendo una calidad intrínseca de los mismos, sino una revisión minuciosa de aquellas obras que configuran la imagen actual de la ciudad y que son exitosas en su forma, uso o utilidad social. Los mejores resultados del laboratorio descrito en capítulos anteriores, que son testigos de la evolución de la ciudad de Quito y por tanto tienen cualidades dinámicas. El Movimiento Moderno Quiteño tiene unas capacidades ineludibles que dan respuesta a retos contemporáneos de la arquitectura. Estas características se definen en situaciones espaciales abiertas, flexibles y confortables, que son híbridas, volviendo a las estrategias de hibridación una condición permanente de la ciudad.

Los edificios estudiados tejieron el desarrollo de la ciudad desde el Centro Histórico hasta el norte de Quito, siendo los configuradores del crecimiento urbano en lo que en las décadas de 1950 y 1960 se entendían como los grandes hitos arquitectónicos.

La búsqueda del crecimiento y posicionamiento de la ciudad de Quito a mediados del siglo XX tenían un claro objetivo político y, por lo tanto, provocan una disputa ideológica dual: conservador/liberal, colonialista/decolonialista, sofisticada/popular, inclusiva/segregadora. Todas respuestas distintas para buscar generar una mejor percepción de la ciudad como Capital, la vocación del emblema de un país pequeño en el ámbito regional. Para esto se generó una especie de apetito por la arquitectura como herramienta de progreso. Los edificios representaban evolución, mejora o sofisticación.

Esta vocación evolutiva de la arquitectura se propuso desde dos corrientes: la primera, una mejora de la calidad de los edificios de tinte clásico, a manera de *"revivals"* románticos y muchas veces anacrónicos, donde el principal exponente es el edificio de la Basílica del Voto Nacional, que se asociaban a la poderosa herencia cultural del Casco Histórico, y una segunda relacionada con la búsqueda de vanguardias o herramientas de discontinuismo cultural que buscaban encontrar en la arquitectura la innovación y un lenguaje nuevo que se arriesgaba a triunfar o a fracasar. De este segundo grupo se encuentran los edificios estudiados, que experimentaban desde la técnica, las formas, la tipología o la significación cultural. Inclusive hasta la actualidad los edificios más audaces de este período en Quito son vistos desde esta dicotomía ideológica. En esta búsqueda de progreso a través de la arquitectura, la principal tensión está entre lo que queremos ser y lo que queremos proyectar como sociedad.

Este discurso se apoyó en una seducción mediática sobre las expectativas de las influencias extranjeras y los referentes en su estado más "puro". Estas esperanzas que se endosaron a la arquitectura eran afectadas por la relación entre los edificios y su contexto, creando una revisión sobre los resultados de los proyectos. Al final los mejores resultados no son las réplicas mejor logradas, sino aquellos edificios que fueron capaces de reconstruir su identidad para incorporarse en el contexto quiteño como parte de su sistema cultural.

En una situación asincrónica entre el Movimiento Moderno europeo que, en los referentes que llegaron a Quito, tenían su sistema de reglas bien configurado y su aplicación ecuatoriana que permitió en la ciudad cierta irreverencia juvenil, y por tanto con menos madurez y más flexibilidad. Esta aproximación se filtró a través de un mecanismo de reconversión acompañado de la precariedad y la informalidad, no como un hecho particular de la aplicación arquitectónica sino más bien como un fenómeno transversal de la hibridación cultural de lo europeo en el Ecuador como un mecanismo de bajo costo y menos tiempo.

Existe por tanto una necesidad de conciliar todos estos mundos culturales, entender que todos estos construyen la identidad. Este conflicto de naturaleza sociológica se refleja en la arquitectura y en los lenguajes espaciales y estéticos que se mezclan en los edificios quiteños. Hay una gran capacidad en este laboratorio activo arquitectónico de dar un nuevo significado a elementos arquitectónicos como herramientas de negociación cultural.

Esta naturaleza dinámica de la producción arquitectónica tuvo una amplia representación, pero con un claro sesgo de género (Guillermo Jones Odriozola, Gilberto Gatto Sobral, Mario Arias Salazar, Diego Ponce Bueno, Otto Glass Pick, Enrique y Lionel Ledesma, Sixto Durán Ballén, Fausto Banderas Vela, Juan Espinosa Páez, Luis Oleas, Rubén Moreira, Karl Kohn Kagan, Ovidio Wappestein, Alfredo León Cevallos, Ethel Arias, Oswaldo de la Torre, Jaime Andrade Moscoso), en una especie de círculo creativo recíproco que trascendía de las aulas o los estudios privados, que se instauró desde la creación de la Escuela de Arquitectura de la Universidad Central.

Este círculo fomentó relaciones no solamente de amistades o empatías, sino una colaboración sistémica que se volcó a la ciudad. A parte de ser grandes arquitectos y arquitecta (Ethel Arias), tuvo una fortaleza desde la representación colectiva de la profesión a la sociedad. Esta situación en particular, se presenta en el libro del que soy coautor "Pioneras de la arquitectura ecuatoriana. Estudio e inclusión de sus aportes. 1930-1980" (Verónica Rosero, María José Freire y Néstor Llorca) Publicado en 2021. También el artículo monográfico sobre ella se encuentra en los anexos 8.4 de este documento. En ese momento (década de 1950) los arquitectos eran vistos como representantes de pensamiento, progreso e inventiva, cosa que la actualidad se ha devaluado. Estas personas aprendían los unos de los otros, evitando el ambiente de las envidias profesionales, porque primero eran pocos en relación de las demandas de proyectos lo que permitía que hubiera trabajo para todos y luego había un objetivo común de presentar a la arquitectura como la herramienta de esta sociedad que buscaba una alternativa de creatividad a la postura desarrollista de afán político.

Muchos de los miembros de estos grupos fueron fundadores y miembros de institutos, cuerpos colegiados, facultades, instituciones gubernamentales en las que alternaban entre sitios y roles. Esta efervescencia que tuvo el Movimiento Moderno fue sostenida en un grupo de personas y sus relaciones personales, reforzada en un lazo entre la vida académica y la vida profesional. Está claro que esta apertura se sostuvo en un ambiente de generosidad de la información y la construcción de un discurso colectivo como arquitectos, hasta ese momento inédito para el Ecuador. En la actualidad estos círculos continúan, pero con otra naturaleza, ya no de apertura, sino fuertemente endogámica por grupos ideológicos de arquitectos en la que, como en otros aspectos de la comunicación contemporánea, solo se aprueba el pensamiento similar y lo políticamente correcto.

Por las características de esta construcción no lineal de los discursos y edificios del Movimiento Moderno en la ciudad, hubo un largo período de transición de casi 40 años. Esta situación facilitó también la hibridación estilística y simbólica. Edificios con estéticas andinas, republicanas o coloniales, pero con la espacialidad moderna fueron comunes en los barrios de nuevos desarrollos. También destacan las versiones de tipologías como la casa patio, los palacetes o los primeros edificios residenciales de plantas tipo que juntaban características modernas y clásicas en fachadas, materiales o espacios, creando una especie de palimpsesto estilístico.

Esto generó que el discurso sobre el Movimiento Moderno en Quito se construya de manera retroactiva en la década de los 1970, redactando los postulados como efectos y no como causas. Los edificios que se entienden en la actualidad como referentes del Movimiento fueron diseñados entre los 1940 y los 1970, pero son narrados desde este discurso de los 1970, en las que apoyaron el discurso del progreso ligado a la movilidad del auto. Los edificios cosieron las largas vías longitudinales de la ciudad. La 10 de Agosto, la 6 de Diciembre, la 12 de Octubre, la Cristóbal Colón o la América son avenidas que se consolidaron a partir de los edificios que se implantaron allí y no al revés, una especie de Plan Masa invertido a través de los edificios, que tuvieron una intención urbana desde sus inicios.

LA HIBRIDACIÓN VERIFICADA EN LA INVESTIGACIÓN

La comparación entre los procesos de asimilación cultural y la teoría de las culturas híbridas es un mecanismo recurrente en Latinoamérica y en el Ecuador. Este punto de partida, unido a la implementación de otros conceptos relativos como los "Imaginarios sociales" de Cornelius Castoriadis (La institución imaginaria de la sociedad, 1975), El "pensamiento mestizo" de Serge Gruzinski (Pensamiento mestizo, 2000), los "Conceptos Viajeros" de Mieke Bal (Conceptos viajeros en las humanidades, 2002) y en general los análisis de las mezclas artísticas, estéticas o académicas me han permitido conformar una aproximación sociológica a la lectura arquitectónica de los proyectos estudiados. García Canclini parte de una primera definición de hibridación " procesos socioculturales en los que estructuras o prácticas discretas, que existían en forma separada, se combinan para generar nuevas estructuras, objetos y prácticas" (Canclini, 2009), la arquitectura, vista como una práctica discreta permite la hibridación de factores externos, para configurarse en una nueva.

Esta metodología de lectura de la arquitectura quiteña del Movimiento Moderno, a través de asociaciones conceptuales, entre culturas híbridas, sincronías e imaginarios permite una comparación de los procesos culturales colectivos con la arquitectura, y entendiendo que esta afinidad, utiliza mecanismos paralelos de análisis de este fenómeno desde investigaciones de otros autores que se acercaron a otros fenómenos artísticos y sociales.

La llegada del Movimiento Moderno a Quito cumple con una condición histórica que se replica en otros momentos de adaptación: la capacidad híbrida, en la que se potencia la relación unilateral de incorporar elementos de otros lugares y de esta forma de amalgamarlos en un nuevo elemento. A manera de una evolución genética que carece de la pureza originaria pero que es reestructurada en su reconversión andina. Desde la aplicación tecnológica, el uso de recursos, pero sobre todo desde una resignificación del objetivo inicial de los componentes del estilo o movimiento a través de la incorporación de elementos culturales locales.

Esta forma de trabajar y proyectar en Quito presentaba un conflicto metodológico con la naturaleza propia del Movimiento Moderno más puro. Los postulados canónicos del Movimiento Moderno se pueden sintetizar en un sistema de restricciones que favorecen relaciones espaciales y un manejo específico de los límites del edificio y los roles que estos límites pretendían. Esta forma controlada y rigurosa del uso de los elementos compositivos del espacio no son compatibles con la metodología heurística de proyecto del caso quiteño. Sin embargo, este distanciamiento entre la aproximación más ortodoxa y la versionada, no es negativa sino diferente. La autonomía de este proceso generó en Quito una especie de laboratorio activo en el que los arquitectos locales podían permitirse libertades que en otros sitios eran imposibles.

EL CARÁCTER CONTEMPORÁNEO DE LA INVESTIGACIÓN Y POSIBLES DERIVACIONES. FORMAS DE LLEVAR ESTA VISIÓN A ESCENARIOS ANÁLOGOS.

Quito en la actualidad es una ciudad que se enfrenta a retos de movilidad adecuada que tiene unas brechas grandes muy relacionadas con la precariedad del empleo, una densidad heterogénea, pero de ocupación ineficiente, que busca conciliar dos naturalezas morfológicas entre el centro reticular y los bordes irregulares con servicios, poblaciones y atributos distintos; todas estas necesidades deberían ser solucionadas. En esta situación, los edificios del Movimiento Moderno tienen ciertos atributos que son pertinentes para aportar en estos retos urbanos.

Los edificios del Movimiento adaptan el espacio a formas sencillas, con organizaciones de una lectura clara, en donde los límites de la construcción permiten una relación interior exterior porosa y en algunos casos indefinida. Presentan un lenguaje común, simple y abstracto que permite a las personas que los habitan entender la relación con el espacio con bastante facilidad. Esto crea en el Movimiento Moderno una capacidad tolerante al cambio y a la flexibilidad de lo contenido.

En las posibles intervenciones de edificios de mediados de siglo pasado existe una complicación normativa en Quito. Al tener una fuerte herencia sobre la gestión y legislación de edificios de valor histórico, que son dirigidos a aquellos dentro de la declaratoria de Patrimonio de la Unesco de 1978, todas las intervenciones son leídas y evaluadas desde la naturaleza de la arquitectura republicana que representa el paisaje de la ciudad patrimonio. Desde esta visión, los edificios del Movimiento Moderno fueron un contrincante desde el primer momento y ahora no caben con afinidad en las normas que permiten la intervención. El Docomomo en Ecuador tiene un nacimiento reciente y una naturaleza endogámica que ha sido contraproducente a su posible incidencia en los organismos gubernamentales que operan en el Patrimonio. Las políticas de restauración, reutilización o intervención no se adaptan a la naturaleza de estos edificios y las mismas fichas de levantamiento (que son las herramientas que permiten evidenciar el valor arquitectónico de un edificio) están orientadas a la singularidad y estética antes que en los códigos espaciales.

Esta propiedad de la arquitectura del período produce una situación que parecería obvia pero que vale la pena apuntar: son las personas las que declaran las reglas del juego en los espacios. Son los espacios los que tienen que ceder y acoplarse a los requerimientos de las actividades que allí ocurren. En el interior de los edificios ocurren movilidades y relaciones que tienen una clara naturaleza dinámica que ocurren en "tiempo real" pero también cambios generacionales de modelos familiares, colectivos culturales, formas de habitar, de ocio o de producción que requieren del espacio una capacidad plástica.

Esta aseveración de la capacidad adaptativa del Movimiento Moderno seguramente tiene varios detractores. Usualmente se asocia este estilo con una rigidez que desde mi punto de vista ha utilizado al Movimiento como el chivo expiatorio de los fracasos de la vivienda social, el enorme desarrollo de los barrios obreros o el urbanismo maquinista que se apoyó en la racionalización del Movimiento como una herramienta de eficiencia que creó barrios anónimos y guetos. Está claro que esta traslación de escalas entre las herramientas usadas en los edificios hacia lo urbano creó problemas que aún no se pueden solucionar. Pero en lo que corresponde a la arquitectura estos edificios tienen capacidades espaciales dúctiles, en una transición del programa a la actividad.

La plasticidad de estos edificios no surge de la transformación espacial sino de la capacidad de contener las actividades, a manera de réplicas de lo propuesto en el *Fun Palace* de Cedric Price. Un elemento que no propone lo dúctil desde la reconversión sino la capacidad envolvente de un edificio a múltiples propuestas de actividades en el espacio que contiene, dándole el protagonismo de la definición espacial al ser humano.

En una escala más pequeña la adaptabilidad de estos edificios nace de la posibilidad de producir varias versiones de un espacio por la sencillez de la geometría de sus volúmenes y plantas, relacionada a la estructura de luces amplias, la planta libre, las fachadas corridas. Estas características permiten cambios en el espacio usando pocos recursos y poca energía.

La crítica arquitectónica tiene una naturaleza prospectiva. Si la historia se ocupa de nuestra narrativa del pasado, la teoría opera sobre los fenómenos presentes, la crítica, por tanto, tiene que orientarnos al futuro. Es una herramienta para atravesar nuevos umbrales, que reconoce la evolución de la cultura global/local, formas de habitar o estructuras sociales, en constante reconstrucción en el dinamismo de la Modernidad líquida propuesta por Zygmunt Bauman para reconocer nuestro tiempo. Este carácter temporal da un papel a la crítica como herramienta de diagnóstico del avance de la arquitectura, medido desde la relación recíproca entre espacio y habitante.

La crítica ha perdido poder al usarla para la validación en lugar de la verificación. La validación es una herramienta de *posverdad,* el premio social, el reconocimiento rápido, el "*like*". La verificación se ocupa de determinar la capacidad con la que un proyecto resuelve con precisión los objetivos espaciales, sociales o estéticos y la solución de dicho proyecto desde la ejecución y experiencia. La validación premia a la persona, crea *star architects* mientras que la verificación avala el proyecto.

El presente texto usa una aproximación a la crítica de arquitectura que me permitió encontrar nuevas herramientas de reflexión. En donde los códigos de proyecto consiguieron un nuevo significado como mecanismo de adaptación, volviendo las tipologías hegemónicas del Movimiento una especie de "*Ready mades*" arquitectónicos. Así, se la renuncia a la categorización estática de la arquitectura usa a la crítica como un mecanismo para diagnosticar a los edificios por sus atributos dinámicos, proponiendo la adición del tiempo en las dimensiones del espacio arquitectónico, desde una revisión de la historia que incluye a quienes siempre estuvimos en la periferia.

La imagen híbrida de Quito Autor Néstor Llorca 2021 dentro de la Muestra "La Imagen de Quito", 2021, Por invitación del arq. Juan Espinosa.

BIBLIOGRAFÍA

La bibliografía se ha dividido en tres cuerpos, de acuerdo al ámbito en el que operan.

1. Quito y Ecuador

Alvear, Miguel, y Christian León. 2009. *Ecuador bajo tierra. Videografías en circulación paralela.* Quito: Fundación Cultura Ochoymedio.

Andrade, Juan Fernando, y Juan Rhon. 2012. *Quito Bizarro. La antiguía de la capital.* Quito: Aguilar.

Ayala Mora, Enrique. 2015. *Historiografía ecuatoriana. Apuntes para una visión general.* Quito: Universidad Andina Simón Bolívar.

Bedoya, Ángel. 1969. *Federico Enrique Alejandro Barón de Humboldt en el Ecuador. Enero - agosto de 1802. .* Quito: Casa de la Cultura Ecuatoriana.

Benavides Solís, Jorge. 1995. «La arquitectura del siglo XX en Quito.» *Revista de Cultura XVI* (Banco Central del Ecuador).

Benavides Solís, Jorge. 1995. «Siete enunciados sobre la teoría general del Patrimonio Cultural.» *Boletín del Instituto Andaluz del Patrimonio Histórico* (12).

Blomberg, Rolf. 1956. *The Naked Aucas. An account of the Indians of Ecuador.* Londres: George Allen & Unwin Ltd.

Cabeza Lainez, José María. 2006. «Dieste, Gatto Sobral, Rivero: tres arquitectos uruguayos.» En *Simpósio A Arquitetura da Cidade nas Américas. Diálogos contemporáneos entre o local e o global*, de Gilcéia Do Amaral e Silva y et.al. Florianópolis: PGAU-Cidade/ UFSC.

Capello, Ernesto. 2006. «Imaginando el Quito antiguo, la ciudad postcolonial como nostalgia universal.» *City* 10 (2).

Capello, Ernesto. 2011. *City at the Center of the World. Space, History and Modernity in Quito.* Pittsburgh: University of Pittsburgh Press.

Carrión, Diego. 2006. *Los lugares esenciales del Distrito Metropolitano de Quito.* Quito: Municipio del Distrito Metropolitano de Quito.

Cruz Cevallos, Iván, ed. 1991. *Flora Huayaquilensis. La expedición botánica de Juan Tafalla a la Real Audiencia de Qutio. 1799-1808.* Quito: Centro Cultural Artes.

De la Torre, Santiago. 2021. «Los escalones del abuelo.» *Index revista de arte contemporáneo* 153-170.

Del Pino, Inés, ed. 2004. *Quito, 30 años de Arquitectura Moderna. 1950-1980.* Quito: Trama.

Di Capua, Constanza. 1963-1965. *Quito Colonial.* Quito.

Donoso, Darío. 1983. *Diccionario arquitectónico de Quito.* Quito: Ediciones Museos del Banco Central del Ecuador.

Eichler, Arturo. 1952. *Nieve y Selva en Ecuador.* Guayaquil: Bruno Moritz.

Enríquez, Eliecer, ed. 1945. *Quito. Relicario de Sucre. 1795-1945.* Quito: Imprenta Municipal.

Espinosa Apolo, Manuel. 2003. *Mestizaje, cholificación y blanqueamiento en Quito primera mitad del siglo XX.* Quito: Universidad Andina Simón Bolívar / Abya-Yala / Corporación Editora Nacional.

Espinosa, Juan, entrevista de Néstor Llorca. 2015. *Entrevista a Juan Espinosa Páez sobre el Palacio Municipal de Quito* (septiembre).

Gómez, Nelson. 1977. *El área metropolitana de Quito. Estudio de geografía urbana.* Quito: Biblioteca Ecuador.

Gutiérrez, Ramón, entrevista de Néstor Llorca. 2018. *Entrevista en el marco del Seminario de Arquitectura Latinoamerica SAL 17* (noviembre).

Hardoy, Jorge, y Mario Dos Santo. 1984. *Centro Histórico de Quito. Preservación y Desarrollo.* Quito: Banco Central del Ecuador.

Hermida, María Augusta, y Jaime Guerra, . 2009. *Miradas a la Arquitectura Moderna en el Ecuador.* Vol. I. 3 vols. Cuenca: Universidad de Cuenca.

Hermida, María Augusta, y Jaime Guerra, . 2010. *Miradas a la Arquitectura Moderna en el Ecuador.* Vol. II. Cuenca: Universidad de Cuenca.

Hermida, María Augusta, y Jaime Guerra, . 2010. *Miradas a la Arquitectura Moderna en el Ecuador.* Vol. III. Cuenca: Universidad de Cuenca.

Kennedy, Alexandra. 2002. *Arte de la Real Audiencia de Quito, S.XVII-XIX.* Barcelona: Nerea.

Kingman Garcés, Eduardo, ed. 1989. *Las ciudades en la historia.* Quito: Ciudad, Centro de Investigaciones.

Kingman Garcés, Eduardo. 2008. *La ciudad y los otros. Quito 1860-1940*. Quito: FLACSO.

La Orden Miracle, Ernesto. 1975. *Elogio de Quito*. Madrid: Ediciones Cultura Hispánica.

Llorca, Néstor, Hugo Ordóñez, y Enrique Ferreras. 2020. «Edificio de viviendas Bellevue, Jaime Dávalos.» En *Catálogo de la Bienal Panamericana de Arquitectura de Quito*, 300-305. Quito: Colegio de Arquitectos del Ecuador.

Llorca, Néstor, y Verónica Rosero. 2021. «Miradas cruzadas. La arquitectura como un puente entre Ecuador y Uruguay.» En *Arquitectura Latinoamericana Contemporánea: identidad, solidaridad y austeridad*, de Inés Del Pino y Fernando Carrión, 314-330. Quito: FLACSO Ecuador / Pontificia Universidad Católica del Ecuador, Centro de Publicaciones.

Llorca, Néstor. 2016. «Quito, la codificación arquitectónica del Movimiento Moderno.» En *Quintas Jornadas de Jóvenes Investigadores de la Universidad de Alcalá*, de Cristina Tejedor y et.al., 199-208. Alcalá de Henares: Universidad de Alcalá.

Llorca, Néstor. 2018. «La anidación del Movimiento Moderno en Quito.» *Arquitectura: Patrmionio Moderno. Dossier de Arquitectura Trama* (Trama) (7): 22-23.

Llorca, Néstor. 2021. «Arquitecturas híbridas de culturas híbridas. El caso de Quito en s.XX.» En *Movimiento Moderno y Patrimonio en el hábitat contemporáneo*, de Verónica Rosero, 87-91. Quito: Trama.

López, Fabián. 2005. *Quito, patrimonio mundial, 25 años después. Fonsal, Primeras Jornadas de Patrimonio Cultural en América Latina*. Madrid.

Lucena Salmoral, Manuel. 1994. *La ciudad de Quito hacia mil ochocientos*. Sevilla: Boletín de Estudios Hispanoamericanos.

Monard, Shayarina. 2010. *Karl Kohn: arquitecto, diseñador, artista*. Quito: Pontificia Universidad Católica del Ecuador. Centro de Publicaciones.

Monard, Shayarina. 2015. *MONARD ARCINIEGAS, Alexka Shayarina. Arquitectura Moderna de Quito en el contexto de la XI Conferencia Interamericana, 1954–1960*. Barcelona: Tesis de Maestría. Universitat Politècnica de Catalunya.

Monard, Shayarina. 2020. *Arquitectura moderna de Quito, 1954-1960. Tesis doctoral*. Barcelona: Universitat Politècnica de Catalunya.

Moya Peralta, Rómulo. 2018. *Oswaldo de la Torre: Teatro de la Escuela Politécnica Nacional.* 11 de enero. Último acceso: 1 de noviembre de 2021. https:// arqa.com/actualidad/colaboraciones/oswaldo-de-la-torre-teatro-de-la-escuela-politecnica-nacional.html.

Moya, Rolando, y Evelia Peralta. 1990. *Arquitectura Contemporánea. 20 arquitectos del Ecuador.* Quito: Trama.

Moya, Rolando, y Evelia Peralta. 2000. *Quito. Arquitectura de la memoria.* Quito: Trama.

Moya, Rolando, y Evelia Peralta. 2007. *Gustavo Guayasamín Calero.* Quito: Trama.

Municipio del Distrito Metropolitano de Quito. 2005. *Inventario de premios ornato 1913-2004.* Quito.

Navarro, José Gabriel. 1927. *La escultura en el Ecuador. Siglo XVI al XVIII.* Madrid: Real Academia de Bellas Artes de San Fernando.

Ortiz Crespo, Alfonso, ed. 2005. *Imágenes de identidad. Acuarelas quiteñas del siglo XIX.* Quito: FONSAL.

Peralta, Evelia. 2018. «Premio BAQ trayectoria profesional: Jaime Dávalos, un justo homenaje a un pionero de la arquitectura moderna.» *Arquitectura: Patrmionio Moderno. Dossier de Arquitectura Trama* (Trama) (7): 42-47.

Ponce, Amparo. 2011. *La Mariscal. Historia de un barrio moderno en Quito en el s.XX.* Quito: Instituto Metropolitano de Patrimonio.

Rhon, Alex. 1994. *Quito: una ciudad de grafitis.* Quito: Consejo Nacional de Cultura.

Robles, Humberto. 2006 (1989). *La noción de vanguardia en el Ecuador. Recepción, trayectoria y documentos. 1918-1934.* Quito: Corporación Editorial Nacional / Universidad Andina Simón Bolívar.

Rosero, Verónica, ed. 2021. *Movimiento Moderno y patrimonio en el hábitat contemporáneo.* Quito: Trama.

Rosero, Verónica, María José Freire, y Néstor Llorca. 2021. *Pioneras de la arquitectura ecuatoriana 1930-1980. Estudio e inclusión de sus aportes.* Quito: Trama.

Rosero, Verónica, y Carolina Luna. 2019. «Futuros posibles para la residencia estudiantil de la UCE: Una aproximación metodológica para su rehabilitación.» *Arquitecturas del Sur* 37 (55): 20-37.

Rosero, Verónica, y Néstor Llorca. 2018. «Crónica de la instauración de nuevos vínculos entre la arquitectura y su academia. Miradas cruzadas entre Ecuador y Uruguay.» *Boletín de la Sociedad de Arquitectos de Uruguay* 56-60.

Rosero, Verónica, y Néstor Llorca. 2020. «Ethel Arias. La incursión de una uruguaya en la arquitectura ecuatoriana.» *Anales de Investigación en Arquitectura* (Universidad ORT) 10 (2): 47-64.

Salazar, Gustavo, ed. 2011. *Cuadernos a Pie de Página, Benjamín Carrión.* Madrid.

Salazar, Gustavo, ed. 2016. *Cuadernos a Pie de Página, Alfonso Reyes.* Quito.

Salvador Lara, Jorge. 2009. *Historia de Quito "Luz de América".* Quito: Fonsal.

Villacís Verdesoto, Eduardo, ed. 1981. *Grabados sobre el Ecuador en el siglo XIX.* Quito: Banco Central del Ecuador.

Villasís, Enrique. 1955. *Quito y su progreso.* Quito: Instituto Municipal de Cultura.

VV.AA. 1954. *El año ecuatoriano. 1953-1954.* Quito: s.e.

VV.AA. 1996-1999. *Arquitectura, Revista Oficial del Colegio de Arquitectos del Ecuador.* 1/2/3/4/5/6/7/8 vols. Quito: Colegio de Arquitectos del Ecuador.

VV.AA. Enero-marzo, 1975. *Chasqui. La comunicación en Latinoamérica.* Vol. 8. Quito: CIESPAL.

Webster, Susan. 2002. *Arquitectura y empresa en el Quito Colonial: José Jaime Ortiz, Alarife Mayor. .* Quito: Abya-Yala.

2. Teoría y proyecto de arquitectura

Colomina, Beatriz. 2006. *Doble exposición. Arquitectura a través del Arte.* Madrid: Akal.

Gallego Picard, Pablo. 2014. *Traslaciones poéticas: un recorrido por la Friedrichstrasse de Mies van der Rohe en 1921. Arquitectura, fotografía y cine, la percepción en la arquitectura.* Madrid: Tesis Doctoral: Universidad Politécnica de Madrid, Escuela Técnica Superior de Arquitectura.

Graham, Dan. 2009 (1979). *El arte con relación a la arquitectura. La arquitectura con relación al arte.* Barcelona: Gustavo Gili.

Ibelings, Hans. 1998. *Supermodernismo, Arquitectura en la Era de la Globalización.* Barcelona: Gustavo Gili.

Montaner, Josep María. 2003. *Las formas del siglo XX.* México: Gustavo Gili.

Montaner, Josep María. 1999. *La modernidad superada. Arquitectura, arte y pensamiento del siglo XX.* Barcelona: Gustavo Gili.

Neumeyer, Fritz. 1995. *"Mies van der Rohe. La palabra sin artificio". Reflexiones sobre arquitectura 1922/1968.* Madrid: El Croquis.

Postal, Matthew. 2002. «Begrisch Hall at Bronx Community College.» *Landmarks Preservation Commission* 1-16.

Rasmussen, Steen Eiler. 2020 (1957). *La experiencia de la arquitectura.* Madrid: Reverté.

Scott-Brown, Denise. 2007 (1971). *Aprendiendo del Pop.* Barcelona: Gustavo Gili.

Venturi, Robert. 1978. *Complejidad y Contradicción en la arquitectura.* Barcelona: Gustavo Gili.

Waisman, Marina. 1977. *La estructura histórica del entorno.* Buenos Aires: Ediciones Nueva Visión.

Waisman, Marina. 1990. *El interior de la historia. Historiografía arquitectónica para el uso de latinoamericanos.* Bogotá: Escala.

3. Filosofía, sociología y arte

Alloway, Lawrence. 1958. «The arts and the massmedia.» *Architectural Design & Construction* 84-85.

Bauman, Zygmunt. 2006. *Vida líquida.* Barcelona: Paidós.

Benjamin, Walter. 2018. *Iluminaciones.* Bogotá: Taurus/ Penguin Random House.

Dussel, Enrique. 2017. *Filosofías del Sur. Descolonización y transmodernidad.* Ciudad de México: Akal/ Inter Pares.

Eco, Umberto. 1978. *La estructura ausente. Introducción a la semiótica.* Barcelona: Lumen.

García Canclini, Néstor. 1997. *Imaginarios urbanos.* Buenos Aires: Editorial Universitaria.

García Canclini, Néstor. 2009 (1989). *Cultura híbridas. Estrategias para entrar y salir de la modernidad.* México, D.F. : Random House Mondadori.

García Canclini, Néstor. 1995. *Ideología, cultura y poder.* Buenos Aires: Universidad de Buenos Aires.

Heidegger, Martin. 2009 . *El arte y el espacio.* Barcelona: Herder.

Jackman, Ian, ed. 2004. *The Artist's Mentor. .* Nueva York: Random House.

Löwy, Michael. 2012. *Walter Benjamin: Una lectura de las tesis "Sobre el concepto de historia".* Buenos Aires: Fondo de Cultura Económica de Argentina.

Ortega y Gasset, José. 2017 (1984). *Meditaciones del Quijote.* Madrid: Cátedra.

Reyes, Alfonso. 2005. *América.* México, D.F.: Fondo de Cultura Económica.

Sobel, Dava. 1995. *Longitud.* Barcelona: Anagrama.

Wolfe, Tom. 2010 (1981). *¿Quién teme al Bauhaus feroz?* Barcelona: Anagrama.

www.ingramcontent.com/pod-product-compliance
Lightning Source LLC
Chambersburg PA
CBHW031434160426
43195CB00010BB/733